3956

LE CRIME SOCIAL

LE
CRIME SOCIAL

PAR

MAURICE ZABLET

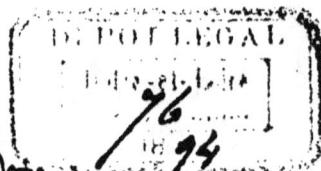

PARIS

LIBRAIRIE ACADÉMIQUE DIDIER

PERRIN ET Cⁱᵉ, LIBRAIRES-ÉDITEURS

35, QUAI DES GRANDS-AUGUSTINS, 35

1894

PRÉFACE

Parce que la République sous laquelle, depuis vingt-trois ans, nous vivons, n'a point donné les résultats attendus, faut-il la répudier? Non. Ce n'est pas sa faute si quelques-uns, oubliant la véritable signification du mot et de la chose, l'ont faite servir à leur ambition, à leur fortune, à l'infiltration dans la société de doctrines destructives à la fois de l'ordre et de la liberté.

La République a été détournée de son but. Elle reste la seule forme de gouvernement qui, bien conçue, puisse sauvegarder dans toute leur plénitude nos intérêts, nos droits, la dignité de notre vie, et le respect de nos consciences. Pour moi, je lui conserve le même amour qu'à l'époque où son nom seul faisait tressaillir ma jeune âme, où, de mes vœux et de mes efforts, je hâtais, dans la mesure de mes faibles forces, son avènement.

C'est pour elle qu'aujourd'hui encore je combats. Que demandé-je dans ces pages échappées — *facit indignatio versum* — à la révolte du bon sens contre l'absurdité, autant qu'à celle de l'équité contre l'injustice? Je réclame, avec la République nominale que nous possédons, la République de fait que nous n'avons pas, une République donnant la liberté, établissant la justice, permettant à tous, par le travail, l'accomplissement de la tâche qui leur incombe. Mon livre est le développement de cette idée, considérée sous ses aspects divers. Ouvrez-le donc et le lisez. A ceux qui me feront cet honneur et voudront bien, je l'espère, excuser les fautes de l'auteur, je dis : Merci !

LE CRIME SOCIAL

LIVRE I

LA MISÈRE HUMAINE

I

LA MISÈRE. — LA LÉGITIMITÉ DES REVENDICATIONS

J'étais descendu, comme il m'arrivait souvent, jusqu'au moulin du village, débris d'une antique gentilhommière, situé sur le bord d'un étang et dans l'échancrure formée par la forêt voisine, dont les grands arbres ombrageaient sa tourelle ébréchée, couverte de mousse et de lierre. Ce site un peu sauvage m'attirait. Le meunier, qui m'aperçut, vint vers moi : « On pêche l'étang demain, me dit-il. C'est toujours chose curieuse à voir, et j'ai voulu vous en avertir. »

Maintes fois, dans mon enfance, j'avais assisté à ce spectacle empreint d'une poésie rustique. On lève la vanne, et les eaux vont se perdre par le ruisseau d'écoulement dans la prochaine rivière. Des filets disposés à cette fin et un grillage solidement établi empêchent le poisson de s'évader.

On s'en empare facilement et l'on prévient, en renouvelant l'opération chaque trois ou quatre ans, le foisonnement excessif qui ne manquerait pas de se produire. On ne conserve que ce qui est nécessaire au repeuplement. On vend, on donne le reste. Les espèces voraces, perches, brochets, sont sacrifiées sans pitié.

Le lendemain j'étais exact au rendez-vous.

Cependant, tout étant disposé, les eaux s'échappaient, par l'issue qui leur était donnée, en cascades écumantes. Déjà les parties hautes étaient découvertes ; nulle carpe n'était encore venue s'empêtrer dans le filet, et ni sur le sol ni dans les herbes on n'entendait de frétillement précurseur de celui de la poêle : « Oh ! disait le meunier, le poisson ne s'est pas laissé surprendre. Il s'est réfugié dans les endroits les plus profonds. Nous saurons bien l'y trouver. » Le niveau baissait de plus en plus et l'étang continuait à paraître inhabité : sur toute sa surface, aucun signe de vie ne se manifestait. Enfin, il est complètement vide. On furète partout, on bat les roseaux, les épuisettes sondent les creux. Vaines tentatives ! Inutiles recherches ! On court visiter le grillage. Il est intact. Le poisson n'a pu s'échapper ; mais où est-il, qu'est-il devenu ?

Pendant que nous cherchions, sans la trouver, la réponse à ces questions, nous entendîmes un clapotement significatif. D'un trou creusé près de la rive, à un endroit escarpé, espèce d'antre ou de caverne aquatique à demi cachée par des touffes d'herbes retombantes, un vrai monstre, un brochet énorme, se débattait contre l'étouffement. On s'en empare. On le porte sur la balance du moulin : il pesait trente livres. Mais il était seul : ni une carpe, ni un gardon, ni la moindre ablette, il ne restait rien. Ce roi avait mangé son peuple tout entier.

Les ichthyologues affirment qu'un brochet de taille moyenne dévore chaque jour de dix à quinze livres de poisson ; s'il est renfermé dans un espace restreint et clos, d'où sa proie ne peut lui échapper, il y exerce un ravage effrayant, détruisant tout au profit de son appétit, et finit par atteindre une prodigieuse grosseur.

C'est ce qui était arrivé dans l'étang de mon village.

*
* *

La société n'est-elle pas un vaste étang où, pauvres carpes sans défense, nous sommes livrés à la voracité de quelques brochets ? Nous vivons sous un régime qui est l'exploitation du travail par le capital. Le capital est le lot du petit nombre, et c'est la foule qui travaille, c'est la foule qui est exploitée. Aussi, en même temps que les grosses fortunes s'accroissent, voit-on la misère se généraliser. Sous l'influence d'un système économique qui ne laisse aucune place entre le capitalisme et le prolétariat, les classes moyennes peu à peu disparaissent. L'épargne, qui est leur élément et qui les constitue, est absorbée et va, comme les fleuves à la mer, s'engouffrer dans les coffres les plus vastes et les mieux remplis. L'argent devient le maître : il active, ralentit ou arrête à son gré toutes les entreprises ; il donne ou refuse du travail à l'ouvrier qui est à sa merci. Sa puissance s'est affirmée et fait reconnaître. Les lois n'ont de rigueur que pour la pauvreté honnête et laborieuse ; elles ont, pour la fortune insolente, toutes les complaisances. La richesse seule a des droits. Elle est tout, elle peut tout, elle ose tout. Elle adoucit la morgue du fonctionnaire, achète la conscience du juge, corrompt la religion du prêtre.

Pour exercer son pouvoir, elle n'a pas besoin de s'épancher toujours en espèces trébuchantes et sonnantes ; son nom seul est irrésistible. Dites-moi si les ministres, si le chef de l'État lui-même, je parle ici des plus probes, des plus incorruptibles, sont insensibles à son prestige ? N'ont-ils pas pour elle des égards que ne trouve pas auprès d'eux la pauvreté ? Qui oserait le nier ? Vous tous que la fortune n'a point protégés contre l'arbitraire ou l'injustice, répondez ! Absorbés par d'autres préoccupations et se réfugiant dans une réserve correcte, ils n'ont ni le loisir ni le pouvoir d'ac-

cueillir vos légitimes doléances; cependant que
nous les avons vus, trompés et séduits par le
mirage de l'or, soustraire aux tribunaux l'escroc
enrichi, lui être accessible chaque jour, écouter
ses demandes, favoriser son ambition et l'élever
aux plus hauts emplois de l'administration ou du
gouvernement.

Je vous le dis, l'argent, d'où qu'il vienne, est
partout le maître incontesté et tout-puissant.

*
* *

Je ne suis ni anarchiste, ni même socialiste.
J'ai rêvé, dans ma jeunesse, de République, et ce
n'est pas de celle que nous avons le malheur de
posséder. Ne croyez pas que l'on défende ici la
cause d'un prétendant ou que l'on attaque le nom
et la forme du gouvernement. Une République
qui ne favoriserait pas le riche au détriment du
pauvre, une République où les droits et les intérêts de tous seraient garantis, une République,
enfin, avec la liberté et la justice, ferait très bien
notre affaire, et c'est pour celle-là que nous avons
combattu. On nous en a donné une autre. Nous
gardons nos préférences et nos sympathies.

Chose curieuse ! Comme le fakir indien s'absorbe
dans la contemplation de son nombril, le républi-
cain de nos jours s'hypnotise dans l'admiration de
la maritorne qu'on lui présente sous le nom de

Marianne. Et il ne voit pas — l'amour est aveugle, dit-on — que c'est une Marianne de carrefour qui se moque de lui, qui le laisse se morfondre à la porte pendant qu'elle reçoit ses amants et qu'elle se livre à la débauche. Je veux bien une Marianne, mais un peu propre, belle et bonne fille, et, puisque je fais les frais du ménage, j'entends trouver chez elle le gîte, le couvert et le reste.

Est-ce trop demander ? Non, certes ! Mais, avec une République qui ne se prostituera pas à tout venant, que deviendront les amants ramassés dans le ruisseau ? Nous avons les charges, ils ont les profits et s'en trouvent bien. Ils n'éprouvent aucune honte de leur profession mal famée. Que dis-je ? Ils y tiennent avec un acharnement débarrassé de tout scrupule.

Aussi bien est-il difficile de les évincer. Pour cela, il faudrait remplacer la dame, et quel nouveau choix fera-t-on ? Sera-ce une duchesse, une bourgeoise ou une simple paysanne qui ralliera les suffrages ? Ici l'on ne s'entend plus. Mais tous sont d'accord pour ne pas vouloir d'une catin.

*
* *

On avouera sans peine que jusqu'ici les sociétés sont loin d'avoir trouvé des gouvernements honnêtes. Monarchies ou Républiques, telles qu'elles furent dans tous les temps et dans tous les pays, méritent une égale réprobation. Est-ce là une raison pour ne pas chercher mieux? — Le plus grand vice peut-être de notre République actuelle est de s'affubler de mérites qu'elle n'a pas. A l'en croire, rien dans le passé ne lui est comparable, et l'on ne trouvera rien de meilleur dans l'avenir. Elle est le point culminant de la civilisation. A-t-on jamais, en effet, parlé si haut de liberté, de justice, de démocratie? Mais c'est pure hypocrisie : pour elle, la liberté n'est qu'un mot, la justice une fiction ; et, chaque jour, elle offre les droits et les intérêts du peuple en holocauste au Veau d'or, son seul Dieu.

Ce n'est pas dans le passé, où il n'existe pas, que je cherche un idéal. Mais pensez-vous que notre République, sur beaucoup de points, supporte la comparaison avec les pires régimes qui l'ont précédée? Les souvenirs de l'Empire sont encore vivants dans tous les esprits. Lui a-t-on reproché assez cruellement — et l'on avait raison — ses rigueurs politiques? Comment procédait-il cependant? Il frappait ses adversaires, mais comme on frappe des ennemis, du droit du plus fort. Il nous envoyait à Lambessa et à Cayenne, mais parce que nous le combattions, et il n'invoquait, à cette occasion, ni la liberté ni la justice.

La République, quelle est son arme contre ses ennemis vrais ou supposés ? l'astuce et la fourberie. Elle n'ose les attaquer de front et pour le vrai

motif. Mais n'a-t-elle pas des Q. de Beaurepaire
pour les accuser de crimes et de délits fictifs? N'a-
t-elle pas des Mariage et des Toutée pour les condamner et les flétrir? On revient de Lambessa.
On ne se relève point d'une inculpation de vol.
Mais est-il rien de plus ignoble? On ne fait pas
ici allusion à un retentissant procès : la méthode
employée contre le général Boulanger ne fut autre
que celle dont on se sert tous les jours d'un bout
à l'autre de la France, contre les plus humbles et
les plus obscurs citoyens. Je ne défends pas l'Empire, mais je vous demande : Lequel des deux procédés préférez-vous?

*
* *

Je me souviens de cette époque où l'on nous
appelait au combat. Nous étions dans l'enthousiasme de la jeunesse, et les mots de liberté et de
justice retentissaient jusqu'au plus profond de nos
âmes. La République devait inaugurer l'âge d'or
dans les sociétés modernes. C'était notre espérance.
Pouvions-nous supposer qu'elle viendrait s'échouer
dans la vase où elle s'est embourbée? On s'élevait
contre les abus du fonctionnarisme : quand l'a-
t-on vu plus insolemment florissant que de nos
jours? Quand la justice a-t-elle été à la fois plus
hypocritement et plus cyniquement violée? On
criait contre les dépenses ruineuses, et jamais elles

n'ont pris une extension aussi effrayante, jamais
les impôts et les charges ne pesèrent aussi lourde-
ment sur le peuple. On nous parlait sans cesse du
relèvement moral et intellectuel de la nation, et
tout le souci de la République est de détruire les
bases de la morale, de niveler, en les abaissant,
les intelligences.

Cette situation s'explique. Lorsque les républicains eurent fait la République, elle fut envahie
par la foule des ambitieux de toutes les opinions
qui la jugèrent utile à leur fortune. Plus haut que
les autres ils l'acclamèrent. Ils firent plus : ceux
qui avaient une conception vraie de la République,
qui la comprenaient comme le régime de la liberté,
de la justice, du travail, du développement sans
entrave de l'activité humaine, ils les accusèrent
de n'être point républicains, ils les chassèrent de
la République et prirent leur place. A peine
quelques-uns de ceux qui avaient, avec nous,
combattu le bon combat, sont-ils restés. Mais
ceux-là, quels sont-ils? Ceux qui, reniant les principes au nom desquels ils nous entraînaient, n'ont
plus songé qu'à eux-mêmes, se sont cantonnés
dans les gros emplois et les riches sinécures; ceux
encore que, malgré leur nullité et leur impéritie,
nous mettions en avant, à cause d'un nom propre
à rallier les suffrages, à qui nous faisions l'honneur de confier le drapeau de notre cause et qui,
s'y taillant un manteau pour couvrir leur infir-

mité, ont pu, grâce à son prestige, s'élever au premier rang. Ils ont trahi la République utile à tous
pour une République favorable à leurs intérêts
personnels : le nom, qu'ils ont conservé, ne suffit
pas à couvrir leur apostasie.

Dans ce système, nous sommes sacrifiés ; il n'y
a plus de liberté, plus de droits, plus de justice.
Peut-il en être autrement quand la morale n'est
qu'un mot ; la conscience, un sentiment de dupe ;
quand l'honneur se porte à la boutonnière de
l'habit, que la probité est l'art de gagner de l'argent
par tous les moyens possibles ? S'il est encore des
lois, le succès les fait taire ; des juges, un peu
d'or les achète. Il n'y a, du haut en bas de l'échelle
sociale, que des compétitions brutales où prévalent
seules l'adresse, la force, les influences pécuniaires.
Mais nous, à qui manquent ces moyens, nous qui
ne pouvons compter que sur notre travail, qui
n'avons que nos bras, notre intelligence, notre
honnêteté, nous tous qui sommes la foule, la multitude, quel est notre sort ?

*
* *

« Nous sommes les femmes, les tristes femmes du
peuple, pour qui tout est deuil et misère...
« — Nous sommes, nous, avec nos têtes chenues,
nos genoux tremblants, nos mains débiles, les pauvres
vieux que le travail a épuisés et dont le travail ne veut
plus. Trente ans, quarante ans, nous avons rempli
notre devoir social, apportant notre effort à l'œuvre

commune. Tant que notre poitrine a eu un fort souffle, tant que nos bras ont obéi à notre vouloir, tant que notre taille est restée droite, même sous la neige des ans, nous sommes demeurés intrépides dans ce combat contre la matière.

« Puis, quand l'âge nous a atteints, on nous a jetés à la rue ! Nous sommes les vieillards honteux qui se suicident plutôt que de tendre la main, — la main toute calleuse, toute balafrée de cicatrices, pas faite pour l'aumône !...

« Nous sommes les vieux ouvriers sans aide, sans appui, sans retraite, sans secours, bons pour la voirie dès qu'ils ne produisent plus, moins heureux que les chiens galeux gardés par des maîtres pitoyables, moins heureux que les chevaux hors de service, qu'on abat, au moins, qu'on a la charité d'abattre, quand ils ne sont plus que bouches inutiles !...

« — Cour des Miracles autrement lamentable que celle de jadis, débris d'humanité, ramassis hideux de toutes les déformations que peut subir la créature, nous sommes les estropiés, les mutilés, les infirmes de la grande bataille industrielle. Toutes les roues ont eu de notre peau ; les dents des machines ont mâché de notre viande ; le sol a bu de notre sang. Un peu de nous gît en terre, au fin fond, à la surface, dans les boyaux des mines, dans la gueule des puddlers, ici, là. Chaque usine, chaque fabrique, chaque concession est un cimetière où nous gisons en détail, bras par-ci, jambes par-là, sans compter les yeux, les dents, toute l'étoffe et l'ossature de nos pauvres corps.

« Tandis que nous gisons, dans le délire des amputations, la femme et les enfants ont faim. Il faudrait des économies pour attendre l'issue d'un procès. Des économies ! On n'en a pas ; les autres le savent et on transige, — car il faut manger !

« Mille francs la patte, c'est-à-dire l'outil à pain ou à marche, c'est bien payé.

« Et l'on accepte, — quitte à tendre aux passants, plus tard, une sébile au bout d'un moignon !...

« — Nous sommes les hommes jeunes, robustes, pleins de sève et de courage ! Nous ne demandons que du travail ; et tant de force circule en nos veines, tant de bonne volonté gonfle nos poitrines, qu'il en aurait pour son argent celui qui nous emploierait ! Mais nul ne veut de nous ! En vain, nous avons frappé à toutes les portes ; en vain, presque suppliants, nous avons sollicité de l'ouvrage, courant après soir et matin, ici et là, sans jamais nous rebuter. Partout on nous a refusé ! Hé ! quoi, c'est possible, une telle chose : que des gars d'attaque, résolus, vaillants, ne trouvent pas à s'embaucher ? Avec cela, la fringale nous tient, elle nous ronge le ventre comme une louve, et nous avons faim, et nous n'avons plus de gite, plus d'habits, plus d'espoir ! Pourquoi nous a-t-on mis au monde si nous n'avons pas droit à la vie, qu'*eux* aient tout, nous rien, — pas même du travail ! Et nous sommes les plus forts, les plus nombreux, et si nous voulions [1]... »

*
* *

Le paysan qui cultive la terre, qui lui arrache péniblement le pain que nous mangeons, a-t-il un sort plus heureux ? Moins exposé que l'ouvrier des mines et des fabriques à certains accidents, son labeur est aussi dur et les privations qu'il subit plus grandes encore et plus longues. Son ambition est de conquérir une miette de ce sol chéri, son

1. Séverine.

amour et son tourment. Pour atteindre ce but, rien ne lui coûte. Levé bien avant l'aurore, exposé à toutes les intempéries, bravant le froid, l'hiver, et, l'été, l'ardeur cuisante du soleil, sans cesse courbé sur le sillon, il se nourrit d'un morceau de pain noir et d'un verre d'eau. Sa santé ne compte pas. Le rêve qui le hante le soutient et l'entraîne. Et, quand il l'aura, à force de patience et de travail, de parcimonieuse économie, réalisé, il lui faudra redoubler d'efforts, heureux s'il parvient à éviter les griffes des notaires, des huissiers, des avoués, toujours prêtes à s'abattre sur lui et à le saisir.

Que dire de la foule des employés de tous genres, obligés de cacher la plus noire misère sous un linge propre et une tenue décente? du petit commerçant ruiné par la concurrence des grands caravansérails? de l'artiste, de l'écrivain, du savant que la faveur publique n'a pas encore remarqués et qui cherchent à se faire une place au soleil? Que dire de tous ceux qui ne possèdent pas la richesse, devenue l'arme indispensable de l'existence?

Mais que dire surtout de ceux qui sont à la fois sans ressources et sans travail? Ils sont nombreux et partout règne la misère.

*
* *

Qu'importe notre dénûment à ceux qui nagent

dans l'abondance ? Ils sont tout disposés à rééditer le mot fameux : « Les Parisiens n'ont pas de pain. Qu'ils mangent de la brioche ! » Dans leur inconscience, en effet, ils ne semblent pas se douter, ayant le superflu, que nous ne l'ayons pas, ou plutôt leur égoïsme ne leur laisse pas voir que leur superflu est notre nécessaire. Ils savent, d'une manière vague, qu'il faut que tous se repaissent. Mais, lorsqu'ils ont dîné, ne sommes-nous pas rassassiés ? Quand Auguste avait bu, la Pologne était ivre.

Chez nous, la valeur de l'homme se mesure à la manière dont il mange. Ce n'est qu'une vile préoccupation, quand elle n'est pas entourée de recherche et d'élégance. S'asseoir à une table luxueusement servie est de bon ton ; mais manger pour satisfaire le besoin de la nature, fi donc ! N'ai-je pas entendu un jour cette parole dédaigneuse dite d'un ouvrier : « Il mange comme quelqu'un qui a faim ! »

Notre monde est ainsi fait que celui qui contente son désir de luxe et sa gourmandise méprise celui qui est obligé de se restreindre à la simple et modeste satisfaction du besoin. Le viveur qui a dîné, chez Voisin, d'ortolans et d'un vin de Bordeaux retour des Indes, regarde de haut le cocher de fiacre qui, chez le *mastroquet* du coin, mange un morceau de pain et de fromage. Il est convaincu que le seul fait d'avoir été mieux et plus élégamment servi lui constitue une supériorité.

Que l'on cherche, par une certaine délicatesse, à

relever, en ce qu'ils ont d'un peu bas, les appétits
qui nous sont communs avec les animaux, c'est
faire preuve de bonne éducation. Mais la distinction et le savoir-vivre ne consistent pas, croyons-
nous, dans le chiffre de la dépense, et bien plutôt
dans la réserve pratiquée par nombre d'honnêtes
gens, qui, pour établir un juste équilibre entre leur
bourse et leur estomac, n'en méritent pas moins
le respect et la considération.

Si l'on descend encore, si l'on arrive jusqu'au
meurt-de-faim, suivant une odieuse expression, oh !
alors, le mépris ne connaît plus de bornes. Le plus
honnête homme qui n'a pas de pain est repoussé,
honni, bafoué. C'est un paria dans la société. C'est
un criminel devant la loi.

Est-ce donc notre faute si le travail manque ?
si, lorsque nous en trouvons, le produit en est
absorbé par les impôts, les charges sociales, la
part du capitaliste, s'il ne laisse qu'un salaire déri-
soire et insuffisant ?

Les préoccupations intellectuelles et morales
sont assurément d'un ordre plus relevé que les
soucis matériels. Est-ce le principe qui vous guide
dans votre mépris de la pauvreté, dans votre
dédain pour l'homme qui a faim ? Vous n'oseriez
le dire. Avant de cultiver son esprit, d'habituer son
âme au bien, l'homme doit vivre d'abord de la vie
matérielle. Il faut qu'il soit, avant d'être intelli-
gent, avant d'être moral. Il lui faut manger pour

vivre, pour être; et en ce sens on a raison de dire
que *le ventre a plus de droits que le cerveau.* Il a
du moins les premiers droits.

Savez-vous, riches égoïstes, savez-vous pourquoi
vous méprisez l'homme sans pain ? — Je vais vous
le dire. Vous le chassez du banquet de la vie où
tous sont conviés, vous lui dérobez sa part, et
vous voudriez, dans son abaissement et son indi-
gnité, trouver l'excuse de votre conduite. Tel le
voleur accuse le volé. Vous cherchez un prétexte
pour ne pas rendre ce que vous avez pris. Mais on
dévoilera votre turpitude, et la confusion couvrira
votre face.

♦ ♦
♦

Votre sentiment, Malthus a eu le triste courage
de l'exprimer nettement:

« Un homme, dit-il, qui naît dans un monde déjà
occupé, si sa famille n'a pas le moyen de le nourrir, ou
si la société n'a pas besoin de son travail, cet homme,
dis-je, n'a pas le moindre droit à réclamer une portion
quelconque de nourriture ; il est réellement de trop sur
la terre. Au grand banquet de la nature, il n'y a point
de couvert mis pour lui. La nature lui commande de
s'en aller et ne tardera pas à mettre elle-même cet
ordre à exécution. »

Ces paroles sont la constatation d'un fait vrai.
Le tort, ou plutôt le crime, est de les avoir érigées
en dogme, en précepte d'une science économique

et sociale dont elles sont la condamnation sans appel possible.

Le fait est malheureusement vrai. Nous le constatons dans la société actuelle, comme on l'a constaté partout et toujours. Mais l'acceptons-nous? Admettons-nous qu'il soit la loi de la vie humaine? On meurt de faim en France, au XIX° siècle, cent ans après la Révolution, qui a, dit-on, émancipé le monde, après vingt-trois ans d'une République qui devait faire notre bonheur. Est-ce là cependant une nécessité inéluctable? Et parce qu'il en a toujours été ainsi, cela doit-il être toujours? Non. La théorie de Malthus est aussi fausse que barbare, et tout homme, en ce monde, par le seul fait de son existence, a droit à la vie. Il peut et doit trouver du travail. Et c'est pour cela que les hommes ont toujours réclamé et réclameront toujours l'organisation du travail, c'est-à-dire la possibilité du travail pour tous.

« C'est dans la question du travail, s'écriait Lacordaire dans la chaire de Notre-Dame, que toute servitude a sa racine ; c'est la question du travail qui a fait les maîtres et les serviteurs, les peuples conquérants et les peuples conquis, les oppresseurs de tout genre et les opprimés de tout nom. Le travail n'étant pas autre chose que l'activité humaine, tout s'y rapporte nécessairement; et, selon qu'il est bien ou mal distribué, la société est bien ou mal ordonnée, heureuse ou malheureuse, morale ou immorale. Nous en avons aujourd'hui une preuve que les plus aveugles sont obligés de comprendre.

« De quoi le monde s'émeut-il depuis vingt ans ? Quel est le mot des guerres civiles auxquelles nous assistons ? N'est-ce pas ce mot : *Organisation du travail ?* N'est-ce pas cet autre mot : *Vivre en travaillant, ou mourir en combattant ?* Et, si nous remontons la chaîne des révolutions historiques, leur trouverons-nous jamais, quel que soit leur nom, une autre cause première que la question du travail ? Les migrations des peuples, les invasions des barbares, les guerres civiles, les troubles du forum, tous les grands mouvements humains se rattachent directement ou indirectement à cette terrible question qui renaît de ses cendres avec une opiniâtre immortalité. C'est l'axe où tournent les destinées du monde [1]. »

Mais où est-elle, cette organisation ? Quelle est-elle ? On ne l'a point découverte jusqu'ici, et ni les défenseurs éternels de tout ordre social établi, qui la voient dans l'ordre existant, parce qu'il leur est favorable, ni les révolutionnaires qui la recherchent dans le bouleversement des institutions, parce qu'il les portera au pouvoir, ne l'ont procurée aux hommes.

« Comme saint Jean-Baptiste prêchait dans le désert : *Faites pénitence,* les socialistes vont criant partout cette nouveauté vieille comme le monde : *Organisez le travail,* sans pouvoir jamais dire ce que doit être, suivant eux, cette organisation [2]. »

* *

La guerre sociale demeure l'état perpétuel parmi

---

1. *Conférences,* 52ᵉ conférence.
2. Proudhon, *Système des contradictions économiques,* I, ch. 1.

les humains et l'on peut dire d'eux, avec Voltaire, aujourd'hui comme de son temps :

« Je crois voir des forçats dans leur cachot funeste,
« Se pouvant secourir, l'un sur l'autre acharnés,
« Combattre avec les fers dont ils sont enchaînés. »

Quand Dieu a dit à l'homme : « Tu mangeras ton pain à la sueur de ton front, » lui a-t-il donc dit : « Tu ne mangeras pas ? » Il lui a imposé la dure nécessité du travail, mais précisément afin que par ce travail il pût suffire à ses besoins. Il n'a pas décrété une guerre fratricide. Ce n'est pas lui, ce sont les Anglais de tous les temps et de tous les pays, qui ont inventé l'atroce *struggle for life*. Les hommes se ravalent réellement bien bas, quand de l'observation de ce qui se passe parmi les animaux sauvages ils déduisent les rapports sociaux, oubliant que la raison est notre privilège, la fraternité notre règle. Que l'on ne prétende point — à cette prétention nous donnons un formel démenti — à la simple constatation d'un fait, car le fait est érigé en droit. Ce qui est est devenu ce qui doit être ; et, parce que le plus fort dévore le plus faible, comme le brochet la carpe, on a conclu que le devoir de celui-ci est de nourrir celui-là. La propriété, c'est-à-dire la force, la puissance, la richesse, a ses droits longuement inscrits dans nos codes, et tous les économistes n'ont pas assez d'encre pour en chanter les mérites et en inculquer le respect. On ne dit pas qu'ils aient tort ;

mais avez-vous jamais entendu parler des devoirs
de la propriété ? Cependant, de même qu'il n'est
pas de devoirs sans droits, il n'est pas de droits
sans devoirs. Il en est ainsi de toutes choses. Aussi
sera-ce la honte éternelle de l'Économie politique
moderne, de cette Économie politique qui reconnaît pour ses chefs les Smith et les Malthus,
d'avoir, en préconisant par-dessus tout les préten-
dues conditions favorables à la richesse, sacrifié
l'homme même aux prérogatives de la richesse.

* *
*

Avons-nous le droit cependant de faire entendre ce
cri de révolte contre l'iniquité sociale ? Ne sommes-
nous pas des perturbateurs de l'ordre public, des
révolutionnaires, des anarchistes ? L'organisation
sociale est tout pour nous. C'est elle qui nous fait
libres ou esclaves, riches ou pauvres, heureux ou
malheureux, moraux ou immoraux, qui nous permet de vivre ou nous condamne à mourir de faim.
Elle nous livre aux brochets ou nous défend contre
eux. Qui oserait dire que nous devons nous en dé-
sintéresser ? Elle est ce en quoi se résument tous
nos intérêts, toutes nos affections, toute notre vie.
Qui pourrait nous défendre de réprouver ce qui nuit
à notre bien, méconnaît nos sentiments, compromet notre existence ?

Notre appréciation des choses est parfois bien

étrange. La société est faite pour nous, et nous trouvons mauvais qu'on nous signale les anomalies de la société. N'est-elle pas sacrée et peut-on en saper les bases ? Comme si l'on ébranlait un édifice dont les fondements sont pourris en montrant le péril d'effondrement ! On prétend que ce soin incombe aux architectes, c'est-à-dire aux gouvernants. Mais pourquoi n'en ont-ils pas le souci ? Et faut-il nous laisser écraser sous la bâtisse à cause de leur incurie ?

La crainte n'est pas chimérique et le nombre des victimes à chaque instant écrasées sous les débris ne permet pas de la nier. Mais on étouffe leurs cris, qui sont des crimes. On les appelle révolte contre la société ? Hé ! quoi ? les malheureux n'en font-ils pas partie de la société ? Pourquoi ne les protège-t-elle point ? — Vous les maudissez. Leurs revendications troublent votre repos ; elles vous effrayent. A leur place, que feriez-vous donc ? Pour les juger, avez-vous été broyés, comme ils le sont ? Avez-vous pendant des années souffert de la faim ? Avez-vous vu autour du foyer glacé votre femme au désespoir, vos enfants en pleurs et demandant du pain ? Avez-vous été jeté sur le pavé de la rue, sans abri, sans argent, sans vêtements pour vous couvrir, sans travail possible ?... Non. Alors point de pitié pour eux, n'est-ce pas ? Leur détresse vous accuse trop haut pour que vous leur pardonniez. *Væ victis !* Telle est, comme

aux plus mauvais jours de l'histoire, la loi sociale
de notre époque.

Nous crions : Au secours ! et vous ne bougez
pas. Nous prenons tambours et trompettes, nous
rassemblons un public de bonne volonté pour
retirer les victimes de dessous les décombres,
pour étayer les murs lézardés et chancelants, pour
éviter des catastrophes nouvelles. Et vous appelez
cela révolte ! Vous envoyez alors gendarmes, soldats et pompiers, non pour nous aider, mais pour
nous chasser et pour conserver l'édifice ruiné
comme une perpétuelle menace d'écrasement.
Désirez-vous donc qu'il nous ensevelisse sous ses
ruines ? — Eh bien ! oui, nous nous révoltons, et
nous en avons le droit. N'est-ce pas vous qui nous
avez appris que, quand tout croule, quand la liberté
est en péril, la justice méconnue et violée, quand
le travail manque et que la faim ronge nos entrailles, l'*insurrection est le plus saint des devoirs !*

*
 * *

La réclamation des malheureux vous déplaît.
Pourquoi sont-ils obligés de revendiquer leur droit
imprescriptible et sacré, le droit à la vie ? Suppri-
mez la cause, l'effet cessera. Leur désir est légitime et facile à satisfaire.

Mais qu'avons-nous besoin de vous convaincre ?

Vous-mêmes savez exploiter habilement les revendications populaires au profit de vos intérêts. Parfois même vous les provoquez, vous les excitez, vous en faites le tremplin de votre ambition. Invoquez-vous alors le respect de la loi? Non. Vous ne craignez pas de nous dire ce qu'elle vaut et le cas qu'il faut en faire. Pourquoi, lorsque vous êtes au pouvoir, vous en servir contre nous?

Cette théorie du respect aveugle de la loi, malgré les protestations de la conscience, est chose vraiment étrange. C'est au protestantisme — il nous fit là un triste présent! — qu'est due la confusion entre la morale et la politique, entre la règle supérieure de nos actions et la prescription arbitraire des hommes. Avec le matérialisme contemporain, le pire ennemi du faible, du pauvre, du malheureux, cette confusion devait conduire à la destruction de la morale. Peut-il en être autrement quand la force brutale est le seul principe, le gendarme la seule règle? Si vous aviez respecté la morale, peut-être trouverions-nous en elle une raison de nous soumettre à vos lois. Nous ne le pouvons plus.

« Je l'avoue, s'écriait Lacordaire devant la cour d'assises de la Seine [1], je l'avoue, je n'éprouve pas pour les lois de mon pays cet amour célèbre que les peuples anciens portaient aux leurs. Quand Léonidas mourut, on grava sur sa tombe : *Passant, va dire à Sparte que*

1. 31 Janvier 1831.

nous sommes morts pour obéir à ses saintes lois. Et moi,
Messieurs, je ne voudrais pas qu'on gravât cette ins-
cription sur ma tombe ; je ne voudrais pas mourir pour
les saintes lois de mon pays. Car le temps n'est plus
où la loi était l'expression vénérable des traditions, des
mœurs et des dieux d'un peuple : tout est changé,
mille époques, mille opinions, mille tyrannies, la
hache et l'épée se heurtent dans notre législation con-
fuse, et ce serait adorer ensemble la gloire et l'infamie
que de mourir pour de telles lois. »

Un mot est de trop dans cette virulente apos-
trophe. Nos lois déshonorées n'ont à revendiquer
aucune gloire. Et Lacordaire, sans doute, ne l'igno-
rait point. Mais il lui fallait faire admettre l'infamie, et il adoucissait sa phrase comme l'on sucre
une drogue amère. Simple précaution oratoire,
nécessaire devant des juges. Que si l'opinion de
l'orateur chrétien vous est suspecte, écoutez l'un
des vôtres. Voici ce qu'écrivait M. Henri Maret,
en avril 1892 :

« Mon cher Sarcey,

« Vous venez de nous faire une théorie du respect de
la loi, dont, en ma qualité de législateur, je ne saurais
que vous être profondément reconnaissant. Comme
Platon, vous pensez qu'il faut respecter les lois de son
pays, même quand elles sont mauvaises, et, comme
Socrate, vous vous déclarez prêt à boire la ciguë le
jour où, chose bien invraisemblable, cela ferait plaisir
au gouvernement...

« Depuis que les hommes sont en société, ils ont eu
des lois et jamais un progrès ne s'est accompli que

par leur violation. Si l'on avait toujours observé et respecté les premières lois, nous les aurions encore, car on ne se défait pas de ce qu'on respecte et l'on ne change pas ce qu'on observe. Je veux me borner à quelques exemples ; il est évident que, si les premiers chrétiens avaient respecté la loi, ils auraient sacrifié aux dieux, en sorte qu'en ce moment, ce n'est pas à la bonne Dame que nous aurions affaire, mais à Vénus la blonde et à Diane la chasseresse. Si, sous Louis XIII, les protestants avaient respecté la loi, ils se seraient convertis au catholicisme. Et, si en 1789, on avait respecté les lois, non seulement on n'aurait pas pris la Bastille, mais je ne vois pas comment on aurait pu se débarrasser de l'ancien régime qui avait la légalité tout comme un autre.

« Sous l'Empire, il y avait une loi qui organisait la constitution impériale, et nous autres, républicains, nous avons toujours affiché le plus profond mépris pour cette loi fondamentale. Elle était escortée de beaucoup d'autres lois restrictives de la liberté, qu'à la vérité nous subissions, mais auxquelles nous désobéissions autant que nous pouvions avec enchantement.

« Je sais bien ce que vous allez me dire, c'est que vous ne regardez comme lois respectables que celles qui ont été votées et promulguées par les représentants de la nation, agissant dans la plénitude de leur indépendance. Si vous me dites cela, il faut d'abord que vous renonciez à Socrate et à Platon, car les lois que ces diables d'hommes respectaient étaient loin d'offrir ces conditions. Je crois même que, dans ce cas, il faut nous borner à celles que nous faisons aujourd'hui, car, du diable si, depuis le commencement du monde, les lois ont jamais été l'expression de la volonté d'un pays.

« Nous autres, républicains, nous reconnaissons vo-

lontiers aujourd'hui le *criterium* du suffrage universel,
mais il faut bien avouer que nous ne le reconnaissions
pas du tout sous l'Empire. Il est inutile de bargui-
gner : l'Empire était bien le produit du suffrage universel d'alors, et la majorité du Corps législatif était
bien la majorité des élus de la nation. Cela ne nous
empêchait pas de mépriser profondément toutes les
lois qui sortaient de là, comme nous aurions parfaitement méprisé toutes celles qui seraient sorties du bou-
langisme vainqueur.

« Il y a donc quelque chose qui est au-dessus de ce
que vous appelez les lois, ou, pour mieux dire, les lois,
pour être respectables, doivent être conformes à autre
chose qu'à la volonté d'une majorité égarée.

« J'avoue, pour ce qui me regarde, que je subirai
une loi mauvaise, et les gouvernements sont armés
précisément pour me la faire subir, mais je ferai tout
ce que je pourrai faire pour éviter de lui obéir. Quand
Socrate but la ciguë, il agit très sagement, puisqu'il
ne pouvait agir d'une autre manière ; mais tout le
monde l'approuverait s'il avait pu prendre la poudre
d'escampette ou jeter par la fenêtre les imbéciles qui
l'avaient condamné.

« Il y a des lois que j'appellerai indifférentes. Elles
ont la valeur des règlements de police, et celles-là
n'ont pas d'importance sérieuse. Les autres, celles
dont nous nous occupons, de quelque source qu'elles
viennent, ne peuvent être par nous respectées que si
elles sont conformes, je ne dis pas à notre appréciation
individuelle, ce qui serait la négation de tout état
social, mais au principe sur lequel nous concevons que
doit être établie la société. C'est ce qui fait que nous,
républicains, nous n'admettrons jamais aucune loi
contre la liberté, et nous ferons une gloire de ne pas
lui obéir. C'est ce qui fait que je comprends parfaite-

ment qu'un prêtre répudie certaines lois qui sont contraires à sa religion; son seul tort est d'être fonctionnaire; mais, s'il ne l'était point, il serait absolument dans son droit.

« Je le répète, on ne changerait jamais les lois si on les respectait. Pour que j'arrive à faire abolir une loi, il faut bien que je vous prouve qu'elle est absurde et inique, et que, par conséquent, je cesse de la respecter. Obéis-lui toujours tant qu'elle existe, me dites-vous. Parbleu! cela va de soi et j'y suis bien forcé; mais c'est en rechignant, et vous ne pouvez pas faire que je ne rechigne pas.

« Nous savons déjà par les anciens que moins un peuple a de lois, plus il est heureux. Nous autres, nous en avons quatorze ou quinze cent mille. Et vous voudriez nous faire respecter tout ça! Hélas! je sais trop ce qu'elles valent. J'en fais. »

*
* *

Étrange contradiction! Les démolisseurs d'abus, qui sont de leur vivant honnis, bafoués, persécutés, sont les grands hommes de l'histoire. Quand ils sont morts, on nous les présente comme les bienfaiteurs de l'humanité, on nous apprend à bénir leur mémoire; et les gouvernements, pour que leur exemple nous soit toujours présent, les gouvernements, qui les ont frappés d'ostracisme, leur élèvent des statues, mettent leur image au coin des rues, dans les carrefours, au milieu des places publiques. Oh! il y a du mélange. Toutes les statues ne sont pas des statues de grands hommes.

Mais le fait, pour s'appliquer à quelques chenapans,
n'en existe pas moins. Les gouvernements adorent
le lendemain ce qu'ils ont brûlé la veille, ce qui
prouve la promptitude de leur compréhension.
Les hommes qui ont bien mérité de la patrie ont
bien mérité hier s'ils ont bien mérité aujourd'hui.
Le temps ne fait rien à l'affaire. Si la portée de leurs
efforts échappe, si le bien qu'ils tentent n'est pas
apprécié sur le moment, s'il faut, pour cela, des
années de réflexion, nous sommes forcés de nous
défier de l'intelligence de nos gouvernements.

Ainsi, l'on glorifie le nom des morts qui ont ré-
formé les abus, redressé l'injustice, obtenu des
libertés utiles au développement de notre légitime
activité, fait progresser l'humanité dans la voie de
la civilisation. On nous les propose comme modèles,
et, lorsque nous voulons continuer leur œuvre,
on nous traite comme ils ont été traités de leur
vivant. Nous sommes des fauteurs de désordre, des
révolutionnaires infâmes, de dangereux énergu-
mènes. La loi, les magistrats, les gouvernants et
l'opinion publique, cette opinion des moutons de
Panurge, tout s'unit pour nous accabler.

Je sais qu'il faut compter avec les passions et
l'infirmité des hommes, que le bien ne se fait pas
sans lutte. Il n'est pas moins étrange de voir les
gouvernements qui sont censés représenter l'ordre,
la justice, le droit, la morale, être les adversaires
les plus acharnés de l'établissement de la morale,

du droit, de la justice, de l'ordre vrai ; et, si ces
anomalies, à la rigueur, se comprennent, par la
triste expérience des choses et l'habitude, il n'est
pas cependant inutile de les signaler, afin que le
bon sens avisé en fasse justice.

Que disons-nous ? Que l'organisation sociale
repose sur une fausse morale et un droit injuste.
Sauf les juristes et les sots (ce qui est la même
chose), personne aujourd'hui n'oserait contester
cette assertion. De nous ou de ceux qui s'opposent
au triomphe du droit et de la morale, qui a tort ?
Qui a tort de ceux qui disent : « Telle loi est injuste, il faut l'abolir ; cet abus est révoltant, il faut
le supprimer ; » ou de ceux qui, forcés de reconnaître cet abus et cette injustice, n'ont de souci
que leur maintien ?

Républicains, est-ce l'enseignement que vous
nous donniez, au déclin de l'Empire, quand vous
faisiez notre éducation politique ? Nous disiez-vous
qu'il fallait respecter la loi injuste, uniquement
parce qu'elle était la loi ? Ce qui est mauvais quand
vous n'êtes pas au pouvoir deviendrait-il bon
lorsque vous le détenez, et par le seul fait que
vous l'exercez ?

Ces abus, ces injustices, cette organisation sociale arbitraire et illégitime, est ce qui permet aux
brochets de dévorer, tout à leur aise, les malheu-
reuses carpes sans défense. Là est toute l'explication. Voudriez-vous les en empêcher ? Et ne savez-

vous pas que vos gouvernants, en prenant le pouvoir, deviennent, de tous les brochetons, les plus voraces?

Ils n'entendent point être dérangés dans l'exercice de ce qu'ils prétendent leur droit. « Respectez la loi, disent-ils. — Mais elle est illégitime, injuste, odieuse, néfaste, absurde même? — Qu'importe? C'est la loi. Il faut respecter la loi. »

Ainsi, ni le bon sens, ni l'humanité, ni la justice, ni la morale, rien de cela pour eux ne compte. Leur intérêt prime, efface, supprime tout. Mais je vois percer le bout... de la nageoire. Ils ne me persuadent point.

II

LE TRAVAIL

Le mal étant entré dans le monde par la chute
originelle, il était dans l'ordre que l'homme per-
dît ses droits primitifs sur la création et que
celle-ci se refusât à reconnaître son maître dans
la créature qui s'était révoltée contre le Créateur
de toutes choses. La désobéissance de l'homme
à Dieu entraîne la désobéissance du monde à
l'homme. Il fut déchu, par le seul fait de la faute
commise, de la souveraineté où il avait été origi-
nairement établi. La loi du talion retombe sur lui
de tout son poids.

Le péché d'Adam seul explique notre condition
sur la terre, et cette condition est la preuve incontestable de sa triste réalité.

*
* *

Contre la révolte dont il avait donné l'exemple,
l'homme dut lutter; et cette lutte, qui n'a point

cessé et ne cessera jamais, s'appelle le Travail,
c'est-à-dire le souci, l'effort, la peine pour la satisfaction de nos besoins. Le travail affecte des
formes différentes ; il n'est pas de même nature
chez le laboureur et chez le savant, chez le négociant et chez l'avocat ou le médecin, mais partout
il garde son signe caractéristique : il n'est pas de
travail sans souci, sans effort, sans peine.

A l'état le plus primitif, comme aux premiers
âges du monde, et aujourd'hui encore chez les
peuplades sauvages, l'homme, pour apaiser sa
faim, recherche les produits spontanés qu'un sol
ingrat lui refuse trop souvent, rivalise d'adresse,
de force et de courage avec les animaux dont la
chair doit le nourrir et la peau couvrir ses
membres. Ou bien, vivant sous la tente, il s'adonne
à l'élevage des troupeaux, les conduisant dans les
espaces fertiles et inoccupés qui s'étendent devant
lui. On le verra encore s'attacher en un lieu dont
l'agrément et la fertilité l'auront séduit, où il
aura laissé des souvenirs chers, près du tombeau
des ancêtres, où il aura aimé, souffert ; il s'y cons-
truira une demeure fixe, arrachera à la terre les
secrets de la végétation, la fouillera pour lui faire
produire sa moisson, et la retournera sans cesse.
L'histoire nous montre ainsi, dans les races humaines, trois catégories qui se différencient par
la nature de leurs travaux : les sauvages, les pasteurs et les sédentaires. De ces trois états, celui

des sédentaires est le plus parfait. Les sauvages ne font que détruire, et les pasteurs s'en rapportent à la seule nature du soin de procurer des pâturages à leurs troupeaux. Les sédentaires, par leur industrie, font produire la terre, la fertilisent. Ils assainissent les marécages, défrichent les landes, endiguent les rivières et les fleuves. Ils usent des produits obtenus, mais, loin de détruire, ils améliorent et font fructifier. Ils songent au lendemain. Ils captent les forces de la nature, les asservissent et les utilisent à leur profit. D'abord réduits aux seules ressources de la contrée qu'ils habitent, l'échange les fait bientôt participer à celles de leurs voisins. Le commerce s'établit. Le besoin ou l'agrément développe l'esprit d'ingéniosité : les matières brutes sont travaillées, transformées, et l'industrie prend naissance. Agriculture, commerce, industrie vont sans cesse se développant, et en même temps l'intelligence humaine prend son essor, l'âme se dégage peu à peu des choses matérielles. Les nomades ne progressent point. La civilisation est le produit de la vie sédentaire.

Comment? par le travail, le travail soutenu, suivi, méthodique et plus productif. Cependant, dans son extension et ses modifications de forme, il ne change pas de nature. Partout et toujours, il exige l'effort, la peine pour atteindre le but poursuivi. Le négociant, derrière son comptoir, n'aura pas à subir, comme l'ouvrier de la terre, les intempéries des saisons. Il n'est exposé ni aux rigueurs du froid l'hiver, ni aux ardeurs du soleil l'été. Mais que de soins, que de soucis inconnus du laboureur! Celui-ci, sa journée remplie, s'endort tranquille et repose ses membres fatigués. Celui-là est poursuivi, jusque dans ses rêves, par la nécessité d'activer ses affaires, de faire rentrer ses créances, de pourvoir à ses paiements. La forme du travail est différente, mais les adoucissements qu'il peut, à certains égards, recevoir, sont compensés souvent par de cuisantes préoccupations. La nature de la peine change, la peine demeure. On ne conquiert, en tout cas, le droit à un travail moins ingrat et moins dur que par le travail lui-même, par l'étude, l'application, la persévérance, la ténacité. Pour s'élever dans la hiérarchie du labeur universel, il faut une préparation spéciale qui absorbe les plus belles années de la jeunesse; et pendant longtemps encore il sera nécessaire, pour atteindre le résultat, de le poursuivre avec acharnement au milieu des déboires, des dégoûts, des embûches, des découragements, des difficultés sans cesse vaincues et sans cesse renaissantes.

*
* *

Cependant les résultats de l'activité humaine prennent, dans les sociétés civilisées, un caractère de durée et de permanence. Des fortunes se sont élevées qui se transmettent de génération en génération. Ceux qui les possèdent sont-ils dispensés du travail? Non. Ni au riche ni au pauvre l'oisiveté n'est possible. Celui-ci doit gagner son pain de chaque jour. Celui-là doit conserver les biens acquis. L'oisiveté le livrerait au désordre matériel et moral, cause de ruine inévitable, et le besoin ne tarderait pas à lui rappeler la nécessité à laquelle il voudrait se soustraire. Sans doute, une forme nouvelle de travail se révèlera ici encore : n'étant pas astreint à satisfaire des besoins immédiats auxquels il a été pourvu par un travail antérieur, par la récompense de services rendus à la patrie, ou même, il faut le dire, par d'autres moyens moins légitimes, le riche s'adonne à un travail d'un ordre spécial ou dont le résultat est moins prochain et procure des jouissances plus nobles et plus élevées. Il prend part aux affaires de son pays, se distingue dans la carrière des armes ou dans les fonctions administratives. Il cultive les arts, et à la stricte utilité viennent s'ajouter les agréments divers qui embellissent la vie. Le confort et le luxe des habitations, la recherche dans les vêtements, la parure, tendent à relever l'homme à ses propres yeux et aux yeux des autres hommes. En même temps que l'on s'affranchit davantage des servitudes physiques, les lettres, la poésie, l'éloquence devien-

nent en honneur. On recherche les secrets de la
nature dont les phénomènes frappent nos sens. La
science est créée. La philosophie recherche les
causes mêmes des choses. Enfin le sentiment religieux s'épure et nous prépare à l'acceptation des
vérités sur lesquelles reposent le droit, la justice,
la liberté, la morale, nous élève au degré le plus
éminent de la civilisation. Le progrès résulte des
échanges de services et des formes variées du
travail. Le riche contribue à la tâche commune,
soit directement par les emplois et les charges
qu'il remplit, soit indirectement par la recherche
du luxe, du confortable, des agréments, par l'essor que ses goûts et ses besoins, plus grands et
plus raffinés, donnent aux arts, à toutes les manifestations de la pensée, à toutes les transforma-
tions de la matière, au développement complet
des forces humaines et sociales. C'est ainsi que,
par son concours même involontaire, le but
commun est poursuivi et atteint.

*
* *

Sous tous ces aspects divers où se révèle l'activité humaine, on aperçoit l'effort, l'effort constant et soutenu, la peine, la souffrance. Nul n'en
est exempt. La gloire des armes s'acquiert au
milieu des combats qui mettent à chaque instant
la vie en danger. Le prêtre accepte une existence

de dévouement et d'abnégation. Le poète, l'artiste, le savant, pionniers de la pensée ou de la forme idéale, sont courbés sous le joug de l'esprit qui les domine, de l'imagination qui les tourmente, du sentiment dont l'expression poursuivie leur échappe. C'est le travail toujours, toujours et partout, le travail dont l'inévitable nécessité ne cesse de se faire sentir. Le pauvre qui veut s'y soustraire meurt de faim; le riche tombe dans la misère; le savant et l'artiste déchoient; tous roulent dans la dégradation morale, dont l'oisiveté est la source.

*
* *

Le travail, qui est une nécessité, est aussi une loi, loi divine et supérieure à toutes les lois humaines. Elle a été imposée à l'humanité dans la personne d'Adam, lorsqu'il lui fut dit : *Tu mangeras ton pain à la sueur de ton front*[1]. Ce n'est point la simple constatation de la nécessité du travail: la nécessité existe, et la loi vient la corroborer et en faire un devoir net et précis. Et comme la force de remplir tout devoir vient de Dieu, il veut que nous lui disions dans notre prière : *Donnez-nous aujourd'hui notre pain quotidien*[2].

Le travail est une loi. Il faut, pour vivre, travail-

1. *Genèse*, III. 19.
2. *Luc*, XI, 3.

ler. Notre existence est à ce prix, et il ne nous est pas permis de toucher au dépôt de la vie que nous avons reçue, même d'une manière négative, en nous refusant à l'effort, à la peine nécessaire pour gagner ce pain qui nous permet d'exister : *panem nostrum superstantialem* [1]. Il n'est pas permis, d'autre part, de vivre aux dépens d'autrui, car il a été dit : *Tu ne déroberas point.*

Le travail est une loi, et la loi est pour tous. Elle ne comporte pas d'exceptions. Le riche doit s'y soumettre comme le pauvre. S'il a les besoins de la vie matérielle assurée, s'il croit pouvoir, sans inconvénients pour lui-même, se soustraire à la nécessité, l'obligation légale subsiste, car le fruit du travail est le patrimoine commun de l'humanité. Chacun a sa tâche à remplir, non seulement pour son intérêt propre, mais pour le bien de tous. Hommes, la famille, la société, l'humanité tout entière exige que nous restions dans les conditions de l'humanité et que nous en remplissions les devoirs. Serait-ce une raison, parce que le hasard nous a placés dans une situation où nous pouvons lui rendre des services plus nombreux et plus grands, pour que nous l'en privions? Le général d'armée qui trahit ne commet-il pas un plus grand crime que le soldat qui déserte? L'ouvrier perdu dans la foule, qui ne croit travailler que

---

1. *Deut.*, V, 19.

pour lui, travaille pour tous. Le champ qu'il
défriche lui donnera son pain, mais à beaucoup
d'autres encore, et pendant une longue suite d'années. C'est peu, cependant, si l'on met ce labeur
en comparaison avec les découvertes qui font progresser la civilisation, avec les écrits des penseurs
qui élèvent l'esprit et portent l'âme à la vertu.
L'oisiveté du plus humble artisan est un dommage
pour l'humanité. Quelle perte pour elle si un Aristote ou un Platon, un saint Thomas ou un Bossuet, Voltaire ou Rousseau, si vous voulez — car
toutes les manifestations du génie font progresser
la civilisation, — quelle perte si ces hommes
eussent étouffé leur talent dans une paresse indigne
et n'eussent pas écrit leurs magnifiques ouvrages!

Le Seigneur, dit la Bible, *t'a affligé par la faim
et il t'a donné pour nourriture la manne que tu
ignorais, toi et tes frères, afin de te montrer que
l'homme ne vit pas seulement de pain, mais de
toute parole qui sort de la bouche de Dieu* [1]. C'est
aux riches, à ceux surtout qui ont des loisirs,
qu'il appartient de recueillir, pour les humbles
et les petits, absorbés par les soucis matériels,
cette manne, de rompre ce pain de la vérité, de
faire connaître ce Verbe de Dieu. Sans doute, tous
ne prêcheront pas le texte de l'Évangile, comme
fait le prêtre; mais tous en propageront l'esprit

1. *Deut.*, VIII, 3.

car le progrès, de quelque manière qu'il se fasse,
nous rapproche de l'idéal de fraternité édicté par
le Christ et de son règne universel sur la terre.
Et c'est là que la Providence fait aboutir tous les
efforts, ceux même des ennemis de la Religion.
Bossuet, dans son *Discours sur l'histoire universelle*, a magnifiquement montré l'immense développement de la puissance romaine préparé, dans
les desseins de Dieu, pour la prompte et large
diffusion de l'Évangile dans le monde. Où donc
aboutissent, si ce n'est à l'achèvement de ce plan
divin, les grands progrès matériels qui, à notre
époque, rapprochent les peuples, cette vapeur qui
nous fait parcourir en quelques semaines le globe
entier, ce fluide qui transmet notre pensée, vite
comme l'éclair, d'un bout à l'autre de la terre?
— Qui songe à concourir à cette harmonie des
destinées humaines? Le but est trop élevé pour
être aperçu de beaucoup et l'on poursuit un résultat plus immédiat. Le savant qui découvre les
forces de la nature, l'ingénieur qui les utilise, le
banquier qui les exploite, les employés et les ouvriers qui mettent leurs bras et leur intelligence
au service de l'œuvre entreprise, que cherchent-
ils, sinon à gagner leur vie, à augmenter leur fortune, à illustrer leur nom? Tous, cependant, con-
sciemment ou non, soit de bon gré, soit contre
leur volonté, contribuent à l'accomplissement des
desseins de Dieu sur l'humanité. Et c'est pour cela

que le travail est une loi imprescriptible. C'est
pour cela que le travail est en honneur, que l'on
glorifie la science, le talent, le génie humain,
expression la plus élevée du travail. Matériellement,
il a sa récompense sur la terre. Moralement, et
selon les intentions qui lui ont servi de mobile, il
recevra sa récompense ou sa punition devant un
autre tribunal que celui des hommes.

*
* *

Le travail est un bienfait. — « Sais-tu ce qui te
« rend heureux, malgré ta pauvreté ? demandait
« un Lacédémonien à Cléanthe, disciple de Zénon.
« — La sagesse ? — Non, le travail. » Cléanthe ten-
dit la main à son interlocuteur.

Le travail est, en effet, la source de tout bien et de
tout bonheur. C'est par lui et par lui seul que
l'homme se soustrait à la cuisante préoccupation
des besoins qui l'assiègent ; c'est par lui et par lui
seul qu'il évite la pauvreté et la misère. Le contentement de l'esprit et la paix de l'âme sont les
premiers fruits du travail.

« Rien, dit Henri Murger qui en avait fait l'expérience, rien n'égale cette joie honnête et calme, ce
légitime contentement de soi-même que le travail
donne aux laborieux comme un premier salaire [1]. » —
« Aujourd'hui, comme au temps de Virgile, la fortune

1. *Scènes de la vie de Bohême.*

n'aime que les audacieux ; et pour les moins ambitieux, à qui suffisent encore l'honneur et la paix de l'âme, il n'est qu'un moyen de conquérir un bien si doux : c'est un labeur opiniâtre. Notre destin, c'est le travail ; c'est lui qui nous modère dans la prospérité et qui nous console dans nos misères [2]. »

Qui fait l'homme ? qui l'élève ? qui le rend, malgré toutes ses faiblesses et ses misères, si grand et si puissant ? C'est son intelligence, sa raison. Mais sa raison a besoin d'être cultivée et développée, et le travail seul y pourvoit. Quand il est parvenu, cependant, à ce degré qui lui permet de voir les choses de plus haut et de plus loin, qu'il a pénétré les secrets de la nature, approfondi les leçons de l'histoire, porté la lumière dans les sciences, qu'il s'est rendu, par ses connaissances, apte aux grandes fonctions qui élèvent ceux qui en sont dignes, quelle satisfaction n'éprouve-t-il pas ? Il est fier de lui-même et il en a le droit. Sa famille reçoit un reflet de son illustration. La société l'honore parce qu'il fait honneur à la société. Mais la conscience de sa valeur demeure son bien le plus précieux. Dût-elle être pour lui la cause des plus grands malheurs qu'il n'échangerait pas son sort contre celui du rustre coulant sa vie dans le calme de l'ignorance et de la stupidité.

Encore cette élévation par l'intelligence et les capacités n'est-elle pas le but proposé à notre

---

1. E. LABOULAYE, *Études sur l'Allemagne*, 1856, p. 190.

ambition. Il en est un plus noble, que tous
doivent et peuvent atteindre : la vertu. Sous n'importe quelle étiquette elle se cache, sous l'honneur militaire, la probité commerciale, l'honnêteté
simple et vulgaire, ou, dans son expression complète et sincère, sous celle du devoir moral et
religieux, la vertu est la fin de l'homme. Or, si
l'oisiveté est, suivant la sagesse des nations, la
mère de tous les vices, le travail est la source
même de l'ordre moral. Il habitue l'âme, par l'effort constant qu'il exige, à dompter ses passions,
à ne pas se laisser surprendre par leur mensonge
séducteur; il la prépare au dévouement, s'il en est
besoin, par le léger dévouement à la tâche quotidienne, par l'assujettissement que l'on s'impose.
La fatigue qu'il cause est comme un entraînement
qui permet de mieux supporter les fatigues de la
lutte contre le mal et de remporter la victoire.
Le pauvre et le riche, l'ignorant et le savant, le
domestique et le maître, le sujet et le monarque,
tous ici sont dans les mêmes conditions, tous ont
à combattre les instincts mauvais, et tous trouvent
dans le travail la force de les vaincre. L'effort
physique du bûcheron le conduira à la vertu, s'il
le veut, comme la méditation studieuse y amè-
nera le savant. Car, étant un devoir pour tous,
elle est accessible à tous. Elle n'a pas de règles
compliquées : chacun en trouve le principe dans
sa conscience, et il suffit que, par l'habitude de

l'effort sur soi-même, on arrive à l'effort nécessaire pour se maintenir dans les sentiments du
devoir. L'avantage, s'il en est un, se trouve plutôt du côté des petits que des grands, plus expo-
sés aux tentatives du mal et plus enclins, par la
facilité qu'ils en ont, à satisfaire leurs passions. De
plus, les devoirs grandissent avec les lumières, et
une situation supérieure en impose de plus graves
et de plus nombreux. Mais le travail n'est-il pas
lui-même la vertu? N'est-il pas la soumission la
plus complète à l'ordre établi par Dieu? Qui travaille prie; qui travaille obéit; qui travaille
adore; qui travaille, dans les sentiments voulus,
remplit tout son devoir envers la divinité, envers
autrui, envers soi-même.

*
* *

Et c'est ainsi que le travail, qui est un bienfait,
devient encore pour nous un mérite. Nous n'ac-
complissons, en travaillant, que notre strict devoir.
Dieu a voulu que l'accomplissement de ce devoir,
pour lequel rien ne nous est dû, qui nous est déjà
par lui-même avantageux et profitable, nous fût
compté comme chose digne de récompense.

Gagner notre pain, augmenter notre fortune,
aspirer aux grands emplois, illustrer notre nom,
faire œuvre d'homme, en un mot, chacun dans
la sphère où la Providence nous a placés, cela,

c'est travailler pour nous-mêmes. Qu'avons-nous
de plus à attendre ? — Notre travail est utile à
la société. Mais c'est indirectement et en agissant pour notre bien propre qu'il lui profite. Il
est des hommes qui font preuve d'un beau dévouement et s'oublient eux-mêmes pour la cause de
l'humanité. Ils sont l'exception. Dans l'ordre ordinaire des choses, c'est en accomplissant la tâche
qui nous est profitable que nous devenons utiles
à autrui. Notre intérêt est satisfait. C'est ce que
nous cherchions. Nous n'avons rien autre chose
à demander. — Et, si par le travail, nous rendons
à Dieu l'hommage de notre obéissance, de notre
adoration, du respect dû à sa volonté, n'a-t-il pas
le droit de l'exiger de nous et de l'exiger sans
aucune compensation, sans aucun retour ?

Cependant le salaire que nous retirons, en cette
vie, de notre travail n'est rien. La religion que
nous avons le bonheur de professer nous enseigne
qu'un plus grand nous est réservé qui est la
récompense finale et impérissable. Nous travail-
lons pour nous ; et les efforts que nous aurons
faits dans notre intérêt, les peines souffertes pour
atteindre notre but, les soucis éprouvés pour gagner notre pain, améliorer notre situation, nous
procurer un peu de bien-être légitime, nous en
recevrons le prix, non seulement celui du résultat
acquis, mais encore celui qui est réservé, au-delà
des choses passagères et périssables, à l'accom-

plissement du devoir. Que faire pour l'obtenir, ce prix, cette récompense ? — Dieu, dont nous sommes les enfants, nous traite comme nous traitons nos enfants. L'éducation que nous leur faisons donner est toute dans leur intérêt. Que si notre fils cependant, sur les bancs de l'école, a répondu aux soins de ses maîtres, a profité de leurs leçons, nous l'en récompensons. Nous sommes heureux et fiers, quand surtout il a cherché à nous faire plaisir, à nous donner une preuve de son amour filial, tandis que, si nous le savions guidé par un sentiment mauvais, par pur égoïsme, par l'orgueil peut-être de nous humilier, de nous rabaisser dans la supériorité qu'il peut acquérir, nous ne lui saurions aucun gré du travail le plus acharné. — Conduisons-nous avec Dieu, notre père, comme nous désirons que nos enfants se conduisent avec nous. C'est tout ce qu'il demande et, à cette seule condition, il se réserve pour être lui-même le prix incommensurable de nos efforts. Que la comparaison ne nous humilie pas dans notre orgueil ! Être les enfants de Dieu, c'est sortir d'une assez noble lignée.

*
* *

Il n'est point d'ailleurs un maître exigeant. Il avait le droit de demander à l'homme un travail sans trêve ni repos. Il a voulu cependant apporter une atténuation à la loi. On dirait qu'il a craint, après l'avoir édictée, qu'elle ne fût trop rigoureuse et il impose le repos hebdomadaire avec plus d'autorité encore. Dieu, qui est l'activité incessante, la force créatrice et providentielle sans cesse agissante et pour qui le repos serait la négation, descendant, pour ainsi parler, des régions de l'éternité dans celles du temps, après avoir créé le monde en six jours, se reposa le septième. Toujours plein de bonté pour sa créature, il voulut qu'elle pût délasser ses membres fatigués, distraire son esprit d'une trop constante préoccupation, songer enfin aux destinées de son âme. Absorbé par des besoins si nombreux et si grands, l'homme ne va-t-il pas négliger, pour les satisfaire, le soin même de sa propre conservation? Hâtons-nous d'y pourvoir, semble se dire son maître. Prévoyait-il aussi, dans son éternelle prescience, l'exploitation de l'homme par l'homme? A-t-il voulu, en y posant des limites, rendre inexcusables ceux qui les franchiraient? Il a donc confirmé la loi par son exemple.

Mais ce repos a une raison encore plus élevée et plus importante :

« La vie du corps, en effet, quelque précieuse et désirable qu'elle soit, n'est pas le but dernier de notre existence ; elle est une voie et un moyen pour arriver, par la connaissance du Vrai et l'amour du Bien, à la perfection de la vie de l'âme. C'est l'âme qui porte

gravées en elle-même l'image et la ressemblance de
Dieu ; c'est en elle que réside cette souveraineté dont
l'homme fut investi quand il reçut l'ordre de s'assujet-
tir la nature inférieure et de mettre à son service les
terres et les mers. *Remplissez la terre, et l'assujettissez ;
dominez sur les poissons de la mer, et sur les oiseaux
du ciel, et sur tous les animaux qui se meuvent sur la
terre* [1].

« A ce point de vue, tous les hommes sont égaux ;
point de différence entre riches et pauvres, maîtres et
serviteurs, princes et sujets. *Ils n'ont tous qu'un même
Seigneur* [2]. Cette dignité de l'homme, que Dieu lui-
même traite avec un grand respect, il n'est permis à
personne de la violer impunément, ni d'entraver la
marche de l'homme vers cette perfection qui répond à
la vie éternelle et céleste. Bien plus, il n'est même pas
loisible à l'homme, sous ce rapport, de déroger sponta-
nément à la dignité de sa nature, ou de vouloir l'asser-
vissement de son âme, car il ne s'agit pas de droits
dont il ait la libre disposition, mais de devoirs envers
Dieu qu'il doit religieusement remplir. C'est de là que
découle la nécessité du repos et de la cessation du travail aux jours du Seigneur. Qu'on n'entende pas toutefois par ce repos une plus large part faite à une sté-
rile oisiveté, ou encore moins, comme un grand nombre
le souhaitent, ce chômage fauteur des vices et dis-
sipateur des salaires, mais bien un repos sanctifié par
la religion [1].

« Ainsi allié avec la religion, le repos retire l'homme
des labeurs et des soucis de la vie quotidienne, l'é-
lève aux grandes pensées du Ciel, et l'invite à rendre à
son Dieu le tribut d'adoration qu'il lui doit. Tel est
surtout le caractère et la raison de ce repos du sep-

1. *Genèse*, I, 98.
2. *Romains*, X, 12.

tième jour dont Dieu avait fait même déjà dans l'Ancien Testament un des principaux articles de la loi : *Souviens-toi de sanctifier le jour du sabbat* [1], et dont il avait donné lui-même l'exemple par ce mystérieux repos pris incontinent après qu'il eut créé l'homme : *Il se reposa, le septième jour, de tout le travail qu'il avait fait* [2]. » (*Encyclique Rerum novarum*, 15 mai 1891.)

Où trouver une règle de vie plus belle, alliant la bonté à la rigueur, conciliant les exigences de notre nature morale et matérielle avec les nécessités du travail ?

⁂

Il y a une harmonie saisissante dans tout un plan du travail, qui n'est, sous des formes diverses, que l'exercice de l'activité humaine. *Le plus beau présent que Dieu ait fait à l'homme*, dit Voltaire, *est la nécessité de travailler* [3]. Ce présent nous donne encore, tout en accomplissant notre tâche sur la terre, le moyen de parvenir à notre destinée finale. La loi est dure, elle est une punition. Mais la punition est adoucie par le repos prescrit. Le travail est une nécessité. Que, par une soumission complète à la volonté de Dieu, l'homme revienne à l'obéissance, il reconquerra, dans une certaine limite, sa souveraineté sur la

1. *Exode*, XX, 8.
2. *Genèse*, II, 2.
3. *Dialogues et entretiens philosophiques. Premier dialogue sur les embellissements de la ville de Cachemire.*

4

nature. Dieu s'est réservé de bénir son travail, de
le faire fructifier, de le lui rendre moins pénible.
Il n'est, sans doute, permis à qui que ce soit de
s'y soustraire. Mais la fortune en allège les rigueurs, les peines, les souffrances.

L'obtenons-nous toujours, cette fortune, malgré
le labeur le plus acharné, malgré notre respect
pour l'ordre divin ? Non. Mais qui *scrute les reins
et les cœurs ?* qui peut pénétrer les desseins éternels ? Le jour du salaire n'est d'ailleurs pas fixé,
et l'heure de la mort n'est pas la fin de tout.

Les sociétés, qui n'ont rien à attendre de l'au-
delà, reçoivent dans le temps la récompense de
leurs vertus. N'avez-vous pas remarqué combien
augmentent les difficultés du travail dans les sociétés qui n'ont pas pour fondement la vraie religion ? Reportez-vous aux temps du paganisme.
C'est l'esclavage, c'est l'exploitation de l'homme
par l'homme. Un petit nombre vivent, du travail
de peuples entiers asservis par la force, dans l'oisiveté, le luxe et la débauche crapuleuse. Le monde
est au service du patricien de Rome. Le christianisme est venu changer la face des choses, et c'est
au milieu des barbares que, sous son influence,
pénètrent les premiers éléments de la civilisation.
Le développement de l'idée chrétienne atteint son
apogée au moyen âge et jamais, au point de vue
du travail, nulle époque ne fut plus favorisée. On
n'y voit pas, j'en conviens, les grands progrès ma-

tériels réalisés de nos jours. Mais, dans ces temps
si peu et si mal connus, le travail reçoit son organisation peut-être la plus désirable. On avait compris que la famille est la première société, celle
qui nous est la plus chère et la plus sacrée ; et
c'est dans la famille et pour la famille que s'exerce
le travail dont les fruits vont à leur destination
naturelle, et qui, loin de rompre les liens moraux,
les affermit dans une communauté parfaite d'idées,
de sentiments et d'intérêts. On a marché depuis
lors. La religion a été rejetée loin comme chose
gênante, et voici que les peuples frémissent de
crainte devant les revendications du travail. Dans
l'immense développement de l'industrie moderne,
l'ouvrier est devenu une machine. Il est apprécié
au point de vue unique du rendement, et, de même
qu'on ne donne à la chaudière que le charbon strictement utile pour produire la vapeur désirée, on
accorde au travailleur exactement ce qu'il lui faut
pour conserver sa force productive. Encore y
regarde-t-on de moins près. Pour le remplacer, il
n'y a pas de frais d'achat. On s'inquiète de son
avenir, quelquefois, en paroles, quand, dans les
grèves, il se fâche. Mais, le lendemain, quand le
travail a recommencé, que la machine humaine
fonctionne de nouveau, on oublie les promesses.
Dans ce halètement incessant du labeur matériel,
il n'a pas de loisirs pour songer à son instruction.
Ses facultés s'étiolent. Il devient en réalité un

outil que seule la force d'inertie fait agir. Si la famille existe encore, et parfois seulement, les liens en sont tellement relâchés que ce n'en est plus que le simulacre. La moralité s'en va. C'est l'exploitation de l'homme, non plus par la force des armes, mais par celle de l'argent, exploitation tellement odieuse et révoltante qu'Herbert Spencer a pu l'appeler, en Angleterre, cette patrie de l'argent, du *cannibalisme*.

La vapeur et l'électricité font notre admiration. Mais font-elles notre bonheur? La production de toutes choses est centuplée. Le misérable a-t-il un morceau de pain en plus ?

La nécessité du travail dérive de la chute originelle. Il semble que plus s'accentue la désobéissance de l'homme par son éloignement de Dieu, plus s'accroît la révolte des choses contre l'homme. Le travail devient plus difficile, plus improductif, ses rigueurs se font sentir dans toute leur intensité. Nous sommes broyés dans les rouages d'une société pour qui la justice n'est qu'un mot au service de l'ambition, de la richesse, de la force.

.•.

Ce triple caractère du travail, nécessité, loi, bien le plus précieux que nous possédions, le rend inviolable et sacré. Nul ne peut s'opposer au développement de notre activité, le limiter, le restreindre, sans violer la plus légitime de nos libertés ; nul ne peut, directement ou indirectement, nous priver du fruit de notre travail, sans violer gravement la justice. Nous avons non seulement le droit, mais le devoir, à la seule condition de respecter nous-mêmes dans autrui la liberté et la justice, d'écarter, de briser tous les obstacles. Aucune organisation ne tient contre la revendication de notre bien primordial, de notre patrimoine d'homme. Aucune règle ne peut prévaloir contre le précepte divin, et la nécessité n'a d'autre loi que celle qui reconnaît la nécessité, l'affirme, la légitime, la sanctifie.

Rien ne peut donc et ne doit gêner notre activité, ni dans son libre développement, ni dans ses conséquences. Tout homme qui s'y oppose est considéré avec raison comme portant atteinte à notre droit: la loi l'en punit. La société peut-elle se mettre au-dessus de la règle des individus? La liberté est un *principe si sacré*, disait Lafayette, *qu'une nation tout entière n'aurait pas le droit d'en priver un seul homme*. Et il ne s'agit pas seulement ici de liberté, mais de cette justice éternelle dont les principes ne varient pas, ne changent pas, sont immuables comme la vérité même, et dont la liberté n'est qu'une des formes.

On connaît l'objection : et l'intérêt général, n'est-ce pas? Mais qu'est-ce donc que l'intérêt général, sinon la collection des intérêts particuliers?

Et pourquoi donc la société existe-t-elle, si ce n'est pour la protection de ces intérêts? Mais elle n'a pas d'autre raison d'être! Sans doute, ils doivent être légitimes: mais ce caractère de légitimité, une seule chose peut le leur ôter, leur opposition aux intérêts de tous et de chacun, et non cet arbitraire créé par les gouvernements sous le titre mensonger de *droit*, appliqué par eux sous le faux nom de *justice*, pour servir l'ambition, le despotisme, toutes les passions du pouvoir.

LA QUESTION SOCIALE ET LES QUESTIONS SOCIALES

Il n'y a pas de question sociale, a dit Gambetta ; *il n'y a que des questions sociales.*

C'était l'habitude du tribun, et l'une des formes de son talent, de résumer sa pensée, de la condenser sous forme d'aphorisme, et, la rendant ainsi plus frappante, de la faire mieux pénétrer dans les esprits. Il a laissé plusieurs exemples de cette manière, qui a bien son danger, car elle expose à accepter la formule sans se rendre un compte exact de sa valeur. N'est-ce pas un peu ce qui, dans le cas présent, est arrivé ?

Les questions multiples qui intéressent le travail, crédit, prêt, salaires, coopération, assurances, responsabilité des patrons, et cent autres, ont leur origine quelque part. D'où sont-elles sorties ? De la fausse organisation de la société, et c'est la question sociale. Celle-ci, remarquons-le, n'est pas une expression pour désigner l'ensemble de celles-là. Elle les domine comme la loi domine le

phénomène, elle les produit comme la cause produit l'effet, et, tant que la loi posée existera, tant
que subsistera la cause, les phénomènes, les effets
se produiront.

*
* *

Un des moyens préconisés pour remédier au
paupérisme croissant, et qui semble vivement inté-
resser le public, est l'organisation d'un crédit
national, d'une institution de prêt gratuit. Pour
cela, il faut des capitaux, beaucoup de capitaux.
Où les prendra-t-on? Telle est la première question qui se pose. Il ne faut pas songer à les attirer
par l'appât d'un intérêt. On ne peut donner d'intérêts pour des sommes qui n'en rapporteront pas.
Ajoutons qu'elles courront des risques certains. Il
ne s'agit pas, en effet, de prêter à des gens d'une
incontestable solvabilité. C'est aux besoigneux que
l'on aura affaire et, quelle que soit leur probité et
leur bonne volonté, il arrivera souvent qu'ils se
trouveront dans l'impossibilité de rembourser. Ne
leur en faites pas un crime. C'est une éventualité
que l'on a dû prévoir, et prévoir comme un cas
fréquent. La facilité avec laquelle les prêts seront
consentis est plus importante ici que la gratuité.

*
* *

On cherche donc les moyens d'aboutir et l'on

propose divers systèmes. M. Deschaumes, dans le *Figaro* du 27 septembre 1892, sollicite le sou quotidien de tous ceux à qui cette légère aumône est possible. On pourrait, à son avis, recueillir ainsi des sommes considérables pour l'établissement de ce crédit national, et déjà, comme Perrette, il fait le compte de ses richesses futures ou plutôt de celles des pauvres. Nous sommes un peu sceptiques à l'endroit de tous ces millions. Dans une société où l'argent refuse au travail la juste rémunération du travail, où la simple justice n'est point observée, n'y a-t-il pas quelque présomption à compter sur autre chose que sur l'égoïsme ? On craint que M. Deschaumes ne soit forcé de dire bientôt :

« ...Adieu, veau, vache, cochon, couvée! »

On ne peut qu'applaudir, certes, à une idée généreuse. Il y a encore des initiatives et des dévouements dont nous ne désespérons pas. Mais la bienfaisance ne peut s'exercer que pour des cas particuliers et dans des limites très restreintes. On fondera une institution charitable de plus parmi celles qui existent déjà. On soulagera, nous le savons, bien des infortunes, on soutiendra des courages défaillants, on préviendra de grandes et nombreuses misères. C'est bien et c'est beau. Mais est-ce assez ? Est-ce la solution du problème ?

Bonne et utile pour soulager des maux particuliers et passagers, la charité, j'entends la charité par l'aumône, ne peut remédier à un état général inquiétant et qui menace de devenir chronique. Le sort de toute une classe de la société, et de la classe la plus nombreuse, la classe des déshérités, des ouvriers, des prolétaires, des gens sans fortune, ne peut reposer sur la bienfaisance.

Nous ne croyons pas qu'elle puisse donner les capitaux suffisants. Mais il est une autre raison qui condamne le système et le frappe à l'avance d'inefficacité, c'est son injustice : l'homme n'a pas à demander à la charité ce à quoi il a droit, le droit de vivre de son travail. Eh! quoi? nous sommes soumis à une organisation économique qui pompe les ressources vives du pays, absorbe tous les capitaux, tue le travail qu'à son caprice elle arrête, ralentit ou active, lui refuse la juste part qui lui est due dans les bénéfices produits, et l'on propose de nous rendre, sous forme d'aumône, une part de ce que cette organisation, contrairement à toute équité, nous a enlevé! On raconte que parfois des bandits, sur le grand chemin, après avoir dépouillé un voyageur, lui laissent, pris d'une belle compassion, quarante sous pour son dîner. C'est à peu près ce que l'on nous offre. Cela, l'acceptons-nous? Non. Nous ne pouvons faire abandon de notre droit. Ce que nous demandons, c'est la possibilité d'exercer, sans entraves, notre libre activité, c'est de jouir des fruits de notre travail, c'est de ne pas être dépouillés.

Eh ! mais, puisque l'on veut être si charitable, que l'on commence donc par l'être de la bonne manière, que l'on ne nous prive pas de notre pain. La bienfaisance n'est qu'un palliatif. Dans l'état le plus parfait que nous puissions rêver, il y aura toujours des pauvres, et toujours aussi sera trop vaste le champ où elle aura à s'exercer. Pratiquons-la noblement èt largement. Mais pouvons-nous admettre que notre sort dépende de la générosité publique ? Pouvons-nous en faire la règle normale dans les rapports économiques et sociaux ?

A côté de l'injustice, il y a, dans ce système, une flagrante immoralité. Qu'est-ce donc qu'un peuple dont une partie ne peut vivre qu'avec le secours de l'autre partie ? Que peut-on en espérer ? La misère dégrade, avilit. On ne reçoit pas l'aumône sans en être abaissé.

Relèvera-t-on ainsi les caractères ? L'idéal que l'on rêve est-il celui de cette populace de la décadence romaine, à qui l'on donnait, pour assouvir ses instincts, du pain et des spectacles, *panem et circenses ?* Mieux vaudrait mille fois le socialisme le plus absolu, la communauté de toutes choses. C'est là, du reste, si l'on n'y prend garde, que l'on arrivera.

*
* *

M. le marquis de Morès réclame, pour l'établissement d'un crédit ouvrier, l'intervention de l'État. Le 8 juillet 1892, il proposait, à la salle des Mille-Colonnes, d'adresser une pétition aux pouvoirs publics. Il y était dit :

« Chaque travailleur ayant satisfait à la loi militaire recevra un livret lui donnant droit à un crédit maximum de 5,000 francs. L'usage de ce crédit ne lui sera acquis que sur la garantie d'un groupement syndical pour un but de travail déterminé. »

Je ne parle pas des détails. Ce crédit ouvrier de M. de Morès, organisé par la Banque de France et reposant sur la personnalité civile qui serait accordée aux syndicats, ne donnerait aucun intérêt au prêteur. Si ce n'est pas tout à fait, à cause de certains prélèvements pour les retraites et l'amortissement des pertes, le prêt gratuit, c'est du moins le capital mis à la disposition du travail, c'est, sous un nom différent, ce que l'on cherche, en dehors de la pure bienfaisance, de la charité.

N'a-t-on pas essayé déjà, sans succès, une tentative de ce genre ? Peu importe ; on sera peut-être, cette fois-ci, plus heureux. Mais où la Banque de France prendra-t-elle l'argent ? Le demandera-t-elle au public ? Elle n'en obtiendra pas si elle n'offre pas d'intérêts, et comment fera-t-elle pour en donner d'un argent qui ne lui rapportera rien à elle-même ? Sera-t-elle la simple caissière de l'État ? C'est donc nous tous qui ferons les frais de ce système, et c'est l'augmentation indéfinie des impôts et des emprunts. Je sais bien que l'on dit la Banque assez riche pour payer ainsi son privilège. Mais ne voit-on pas que la Banque ou restera ce qu'elle est, avec sa constitution actuelle, ses actionnaires, son conseil de régence, son gouverneur, et il faudrait une grande naïveté pour lui supposer l'abnégation de sacrifier des intérêts qui sont les intérêts de ceux qui la dirigent; ou deviendra une Banque d'État, un nouveau rouage du ministère des Finances; et nous retombons dans le système de l'État fournisseur et distributeur, pour des services privés, des deniers publics, des fonds destinés à l'utilité générale, des ressources nécessaires à la défense de la patrie.

Oh! l'État n'y regarde pas de si près, on le sait, et l'on ferait un compte fort respectable des millions qu'il détourne de leur usage normal. Mais est-ce une raison, parce qu'il y a des abus, pour les multiplier, et en faire la règle ?

Notre amour-propre serait ici ménagé. Les susceptibilités seraient moins froissées d'accepter un prêt du gouvernement que de recevoir l'aumône des particuliers. Mais on entre en plein socialisme, et, ce qu'il y a de pire, en plein socialisme d'État. Pourquoi s'arrêter dans cette voie ? Pourquoi le crédit consenti aux ouvriers ne le serait-il pas aux commerçants indistinctement, à tous ceux qui veulent s'établir, aux banquiers, aux industriels, aux artistes, aux écrivains, aux journalistes, à tous, en un mot, car tous, pour travailler d'une manière différente, travaillent? Y aura-t-il des privilégiés? Pourquoi? Et, s'il n'y en a pas, comment l'État ou la Banque (ce qui est ici la même chose) pourra-t-il subvenir à cet immense crédit, qui, en supposant six millions d'emprunteurs seulement, absorbera trente milliards? Ne vous étonnez pas du nombre des emprunteurs. Il sera grand. On aimera mieux travailler pour son compte avec cinq mille francs que d'être employé à gages, et ceux qui aujourd'hui s'établissent avec leurs ressources personnelles, les mettront en réserve et demanderont au crédit le capital qu'il leur faut On saura se procurer des certificats d'indigence, s'il en est besoin.

*
* *

La Société d'Études sociales pour la défense de la liberté individuelle, qui s'est formée en 1892, pose la question d'une manière un peu différente. « Pour éteindre le paupérisme qui se manifeste dans toutes les classes de la société, n'y a-t-il pas lieu de créer un crédit national, à prêt gratuit, alimenté par l'organisation d'une dîme sociale. » Tel est le sujet du concours qu'elle a proposé, et l'une des conditions du programme est de « chercher la solution dans les ressources que peut offrir l'initiative individuelle convenablement stimulée, en dehors de l'action de l'État ». C'est donc à la charité privée, à la bienveillance des âmes compatissantes, qu'elle s'adresse. C'est le système de M. Deschaumes, et nous en avons signalé l'impraticabilité et les dangers.

*
* *

Nous cherchons la solution et ne la trouvons pas. Le prêt gratuit est un exemple. Il en est de même de toutes les autres questions sociales. Pourquoi ? Parce que, dans tous les systèmes proposés, on ne se préoccupe que de l'effet sans vouloir remonter à la cause. La misère est un effet. Quelle est la cause de cet effet ?

En présence du paupérisme croissant, on a songé au prêt gratuit comme à un remède, et on y a songé devant l'évidence de cette vérité que le capital manque au travail. Aujourd'hui, le capital, qui devrait être l'auxiliaire du travail, en est le maître. Il l'exploite. S'il en était autrement, si le capital n'était pas sorti de son rôle, si l'on n'avait pas, suivant les doctrines de l'Économique classique, sacrifié l'homme à la richesse, si le travail pouvait disposer de l'argent qui s'engouffre dans les gros coffres, le travail ne manquerait pas, le travail serait rétribué conformément aux règles de la justice, et la misère ne prendrait pas une extension effrayante, ne menacerait pas, comme un

fleuve ayant rompu ses digues, de tout engloutir.
Il serait inutile de parler du prêt gratuit.

Où vont les capitaux ? par les impôts et les
emprunts, dans les caisses de l'État ; par le drainage incessant, dans celles des sociétés anonymes
de crédit ; par les primes mensongèrement arra-
chées dans celles des sociétés d'assurances sur la
vie. Que deviennent-ils? Ils nourrissent des soldats
et engraissent des fonctionnaires; ils alimentent les
finances de l'Italie, de l'Autriche, de l'Allemagne,
de la Russie, voire de l'Espagne et du Portugal ;
ils s'emploient en achats de maisons luxueuses,
font monter le prix des loyers, et l'argent que nous
donnons, pour une espérance lointaine et aléatoire,
sert encore à nous extorquer celui que nous voulions conserver. L'épargne est mise en coupe
réglée : quand les Bons à échéance fixe des Société
Générale et des Crédit Lyonnais paraissent laisser
froid le public, on a en réserve une émission qui
ravive son ardeur. Autrefois, il existait des banquiers, non pour recevoir l'argent de tous, mais
pour faire les affaires de tous. Les petites banques
locales escomptaient facilement le papier de leur
clientèle ; en dehors de la négociation proprement
dite, elles n'étaient pas sans rendre, au point de
vue où nous nous plaçons ici, des services appré-
ciables : elles ne refusaient pas une avance au bou-
tiquier sérieux et momentanément gêné, à l'ouvrier honnête et sage qui en avait besoin pour un

travail commandé. Le drainage des capitaux les a
tuées. La Banque de France elle-même, au lieu de
rester, comme le comporte sa véritable destination, le banquier des banquiers, n'a songé qu'à
leur faire concurrence et à les remplacer par ses
succursales et ses bureaux auxiliaires, multipliés
sans nécessité aucune. Cependant trouvez-vous,
dans des agences strictement réglementées, les
mêmes facilités que chez le banquier, qui était votre
parent, votre ami, votre voisin, avec qui vous étiez
en relations suivies et cordiales ?

*
* *

Nous assistons, depuis quelques années, en
France, à un spectacle bien instructif, mais dont il
semble qu'on ne veuille pas tirer la moralité. On
a vu s'établir et s'écrouler comme des châteaux
de cartes nombre de Sociétés Financières, les
Union Générale, les Comptoir d'Escompte, les Dépôts, que sais-je encore ? et nous attendons la
suite. Avec l'appui, je ne dis pas des pouvoirs
publics, mais de ceux qui détiennent le pouvoir,
ces entreprises ont englouti, comme engloutissent
celles qui restent debout, l'épargne de la nation.
Mais ce n'est peut-être pas leur plus grand crime.
Elles en ont commis et en commettent chaque jour
un moins pardonnable. C'est de tuer, pour pouvoir
ramasser les capitaux, les banques privées, les
petites banques locales, de réduire à la faillite les

malheureux qui rendaient des services au public
pour implanter à leur place des agences et des
succursales dont le clinquant éblouit. Car, si tout
ce qui reluit n'est pas d'or, tout ce qui reluit attire
l'or. C'est ainsi que tous ces malheureux banquiers
de Paris et de province, dont les journaux annon-
cent chaque jour avec des clameurs imbéciles —
la note est communiquée par les parquets — la
déconfiture, sont acculés à la ruine et y entraînent
leur clientèle. On les couvre de malédictions, les
lois n'ont pas assez de rigueurs pour eux, les juges
ne trouvent pas assez d'armes dans leur arsenal
et inventent et calomnient juridiquement ; mais les
administrateurs des Sociétés qui causent tous ces
désastres, oh ! les honnêtes gens ! C'est à peine
quand, par leur faute, des millions ont été perdus,
si parfois l'on ouvre une instruction anodine pour
calmer l'opinion. Ne croyez pas que je veuille les
anathématiser. Est-ce donc leur faute ? Sont-ils des
voleurs ? Eh ! non. Ils sont les moteurs d'un système
insensé qui, le branle donné, les entraîne, et c'est
ce système que nous attaquons, dont nous signalons les funestes conséquences. Mais encore ont-
ils une responsabilité dont nous sommes obligés,
si nous avons le sens du juste, de décharger les
autres, et est-il permis de demander pourquoi tant
de rigueur pour leurs victimes et tant d'indulgence
pour eux. Serait-ce parce que ceux-ci ont acquis et
conservent d'énormes fortunes et que celles-là

tombent dans la misère ? — Hélas ! oui. Telle est la justice de vos lois et l'intégrité de vos magistrats.

Mais cette situation économique existerait-elle si la loi ne l'avait créée ? N'est-ce pas la loi qui nous impose les armées et les armements ruineux, les fonctionnaires, les pensions, les laïcisations, les guerres coloniales ? N'est-ce pas la loi qui autorise les sociétés anonymes, qui réglemente la Banque de France ? N'est-ce pas elle qui permet tout au capital et défend tout au travail ? — Vous voyez bien qu'il y a *une question sociale*, la question de l'organisation de la société, la question de la loi qui sanctionne la forme de cette organisation et son fonctionnement.

La société, *telle qu'elle est constituée*, est la cause. La misère est l'effet. Remontons donc à la cause, supprimons-la, et nous aurons détruit l'effet, nous aurons détruit la misère.

* *
*

Bastiat a écrit les *Harmonies économiques*. Proudhon a jeté à la face de son siècle ce blasphème génial qui s'appelle le *Système des contradictions économiques ou philosophie de la misère*. Nous rejetons le point de départ de Proudhon : Dieu n'est pas une simple hypothèse ; et nous n'admettons pas la plupart de ses arguments, qui sont faussés par la métaphysique hégélienne sur

laquelle il les fait reposer. Mais il a eu raison
d'écrire *Contradictions*, et Bastiat, qui, avec moins
de talent, le combat quelquefois victorieusement,
a eu tort de dire *Harmonies*. Les contradictions
crèvent les yeux. Les harmonies, je les cherche
et ne les trouve pas. La misère est partout; elle
s'étend, se généralise, s'accroît d'autant plus que
pénètrent davantage dans l'organisme social les
principes de l'Économique smithienne.

Comment cela se fait-il? N'est-elle pas remplie
des meilleures intentions? Ne réclame-t-elle pas,
comme conditions nécessaires au travail, la liberté
et la justice?

Elle veut, selon les docteurs de l'École :

L'action des facultés humaines, plus libres et
mieux employées;

Le capital croissant et plus intelligemment
employé;

La terre mieux cultivée et plus productive;

La possession la plus naturelle, la plus légitime
et la mieux garantie des instruments de l'industrie
et des résultats du travail et de l'épargne;

L'impôt modéré, de mieux en mieux assis, et
utilement employé;

L'action des gouvernements de mieux en mieux
définie et restreinte dans ses limites rationnelles.

Le programme est magnifique. Que va-t-il en
résulter? Une production plus féconde, dit-on;
une répartition plus équitable; une consommation

plus sage et mieux entendue ; plus d'harmonie
dans les intérêts ; moins d'abus et plus de justice
dans les rapports ; plus de sécurité, plus d'ordre ;
plus de liberté industrielle et commerciale, et aussi
plus de libertés civiles, politiques et religieuses.

Voilà ce qui est annoncé, et il semble que la
logique peut admettre ces conclusions. Comment
les faits répondent-ils.

L'agriculture, le commerce et l'industrie sont
dans le marasme le plus complet ; la circulation est
entravée, la répartition d'une injustice flagrante ;
la sagesse de la consommation, l'harmonie des intérêts, consiste dans l'excès de bien-être de quelques-uns au détriment du grand nombre ; les abus
sont criants et dans les rapports il n'y a de droits
que pour la force et la richesse ; la sécurité et
l'ordre reposent sur la présence du gendarme seul ;
la liberté industrielle et commerciale est le privilège de quelques-uns qui s'enrichissent grassement
aux dépens de la nation tout entière ; et jamais gouvernement n'a fait fi, avec à la fois plus de sans-
gêne et d'hypocrisie, de toutes les libertés, libertés
civiles, libertés politiques, libertés religieuses.

Pourquoi, répétons-nous, cette contradiction
entre la logique et le fait, entre la théorie et la
pratique ?

Nous l'avons cherché longtemps, ce pourquoi, et l'avons enfin découvert. Il y a, dans l'Économie politique telle que la conçoivent les Smith, les Malthus, les J.-B. Say, etc., un principe supérieur à ceux que l'on indique, un principe qui les domine, qui les fausse et les vicie. L'homme, pour elle, n'est rien ; la richesse est tout, et nous sommes, dans ce système, sacrifiés à son développement brutal, sans que l'on se préoccupe ni des moyens ni du but. Le capital ne doit être pour nous qu'un instrument, et nous devenons les instruments du capital. Sous quelque forme qu'il se présente, terre, argent, produits, instruments de travail, il faut nous incliner devant lui et devant ceux qui le possèdent. Qu'arrive-t-il de la logique ? Elle est renversée.

Vous me parlez de la libre action des facultés humaines. Que devient-elle dans votre système ? La concentration de la richesse entre les mains de quelques-uns l'annihile. Pour trouver l'emploi de nos facultés, pour en développer l'exercice d'une manière utile et profitable, le capital, petit ou gros, est indispensable. Mais où est-il, ce capital ? Le bas de laine d'autrefois s'entr'ouvrait, à un moment donné, quand il fallait établir un fils, marier une fille, créer une situation à un neveu. Il s'est vidé dans les caisses de la Haute Banque, et les caisses de la Haute Banque ne rendent rien. Plutôt crever de pléthore ! Cependant, il faut manger. Bon gré, mal gré, on passe sous les fourches caudines. Nous devenons des esclaves attachés à un rayon de mercerie ou à un comptoir de banque, machines à vendre ou à compter, rétribués d'une chiche obole comme d'un os que l'on jette à un chien, obligés de vivre au jour le jour, ne pouvant rien espérer de l'avenir, forcés par prudence de renoncer aux joies de la famille, jetés dans des liaisons passagères, décevantes et malsaines ; ne tenant à rien ni à personne, désespérant de nous-mêmes qui sommes réduits à l'impuissance, haïssant la société qui nous opprime, blasphémant Dieu que nous ne connaissons plus et qui nous abandonne.

Il fut un temps où le rôle d'employé était un apprentissage, et non un métier, une profession, une carrière fermée. Si l'on passait quelques années de sa jeunesse au fond d'une boutique, derrière un comptoir, dans une maison de commerce, ce n'était pas là le but de toute la vie. Un jour venait où l'on s'établissait à son tour. On se mariait. On créait une famille. L'existence n'était vide ni d'intérêt ni d'affection. On travaillait pour soi et pour les siens, et quand, avec l'âge, le moment du repos était venu, on pouvait voir son entreprise continuer de prospérer entre les mains de ses enfants. La production était-elle moins féconde ? Je ne sais, mais elle était utile à tous. Le capital croissait-il moins ? Pour les Boucicaut, les Chauchart, les Rothschild, peut-être

bien; mais ne croissait-il pas mieux pour nous?
Car, enfin, que m'importe que le capital augmente,
croisse et s'accumule de la plus formidable façon,
si je ne puis disposer d'un écu?

Ah! parlez-en de l'emploi meilleur et plus libre
des facultés. Vous ne savez donc rien? Renfermé
dans vos théories, vous n'avez donc rien vu de ce
qui se passe autour de vous! La moitié des populations urbaines est réduite, dans les magasins,
les banques, les entreprises colossales, au servage
perpétuel et improductif que lui impose le capital
accumulé. Et ce n'est point la plus malheureuse.
L'usure, l'usure éhontée, la basse usure, celle qui
n'ose s'affirmer, c'est-à-dire encore le capital, a
aussi ses esclaves, victimes de l'injustice et de
la brutalité du sort, tristes débris d'intelligences
éteintes par la misère. Vous pouvez les voir chaque
jour, dans certains carrefours, au café de la Ter-
rasse ou au passage de l'Opéra, à l'affût des
affaires véreuses. Ce sont les courtiers des offices
interlopes. Ils cherchent le besoigneux qui a encore
une montre à son gousset, le fils de famille, le
mineur, l'interdit, le prodigue, le mari qui, pour
entretenir une maîtresse, veut faire disparaître la
dot de sa femme. Que leur reprochez-vous? Ils
ne sont que les instruments du capital exploitant
vos besoins ou vos vices. Ils vous conduisent dans
la caverne où l'on vous dépouillera. Mais l'arai-
gnée qui s'y tient n'a pas elle-même les moyens

de tisser sa toile. Elle travaille pour d'autres et avec leur aide cachée : et, si elle a une patte de la mouche qui vient se faire prendre, le corps est la proie de celles qui se dissimulent dans l'ombre. Vous les connaissez : ce sont les capitalistes, les riches, les honnêtes gens. Ils apportent là un peu de leur or comme appât et, cachés derrière l'homme de paille qui endosse les responsabilités, ils vous arrachent vos dernières ressources. Certes, leurs séides ont tort. On ne fait pas ce métier. Quand on a faim cependant, quand le capital pose ce dilemme : Tu mettras ton adresse, tes connaissances, ta souplesse d'esprit — il y en a qui ne manquent point de ces qualités — à mon service, ou tu ne mangeras pas, pensez-vous que le capital contribue à l'emploi meilleur et plus libre des facultés humaines ?

*
* *

Quittons ces lieux, ces centres de lumière et de civilisation, d'où part le mouvement et la vie, et où nous ne trouvons que le servage. Là, il faut être riche, ou servir à la richesse ; là, il faut exploiter autrui, ou être soi-même exploité. Déjà vous nous avez renvoyés aux champs. Cultivons la terre et rendons-la plus productive. Que vous avez raison, et vous nous rappelez le vers de Virgile :

« O fortunatos nimium, sua si bona norint
Agricolas ! »

Mais Virgile a dit encore :

« O Melibœe, deus nobis hæc otia fecit. »

Or, nous vous le demandons, le capital nous a-t-il, comme Auguste à ses vétérans, donné des terres à cultiver ? Pour cultiver la terre, il faut en posséder, ou cultiver celle d'autrui. Mais savez-vous si mon bras n'est pas trop débile pour tenir la pioche ou la charrue ? Et est-ce ma faute si on ne m'a pas élevé pour le travail des champs ?

Ne nous écartons pas cependant du point précis de la question. Il ne s'agit pas de savoir si je suis riche ou pauvre, maître ou domestique, propriétaire ou indigent. La question a bien son importance, puisqu'elle intéresse tous les travailleurs et que l'absorption, par les gros appétits, du capital, les prive, à la campagne comme à la ville, de liberté et de justice dans l'exercice de leur activité. Mais passons. Vous parlez simplement et d'une manière générale de rendre la terre plus productive. Nous acceptons les termes de votre thèse.

On verra ici encore que la manière abstraite de considérer des choses essentiellement concrètes fait tout le mal. Pour améliorer les cultures, les rendre plus productives, l'aide du capital est nécessaire, et jusqu'ici elle a manqué. On en est encore à ergoter sur les bases d'un crédit agricole. Le propriétaire foncier est réduit à ses seules res-

sources ou aux emprunts hypothécaires qui le
ruinent, car, sauf de rares exceptions, le revenu de
la terre est inférieur au taux de l'argent. Qu'il
le puise dans sa bourse ou qu'il l'emprunte, peu
importe : il ne se ruine pas moins, la différence de
revenu étant réelle et palpable. Cependant l'amélioration est productive, la richesse augmente. Qui
en profite ? Il vous semblerait naturel que ce fût
le propriétaire. Eh bien ! non ; c'est le prêteur.
Vous le voyez, le rôle du capital, de l'argent, de
la richesse prise dans le sens abstrait des économistes. Le propriétaire est sacrifié : non seulement
le bénéfice des améliorations, mais ce qu'elles lui
ont coûté, c'est-à-dire son bien, sa substance, va,
sans s'inquiéter de lui, le travailleur, augmenter
la masse générale des richesses, les forces de cette
chose brutale et absurde, le capital exploiteur de
tous les besoins, de tous les intérêts, de la vie
même de l'homme, le capital de l'usure, le capital
infâme.

* *
*

Ésope a dit des langues qu'elles sont ce qu'il y
a de meilleur ou de plus mauvais. Il en est de
même du capital. Ce qu'il y a de meilleur, puisqu'il est le plus grand adjuvant du travail, le rend
productif et rémunérateur, en un mot nous permet de vivre. Mais encore faut-il qu'il soit entre

nos mains, qu'il soit distribué, je ne dis pas également, ce qui est impossible, mais équitablement, qu'il rende les services pour lesquels il est fait. Quand il se retire de tous pour se concentrer dans un réservoir unique ou s'arrondir dans la vase trouble de l'anonymat, il devient comme une pieuvre monstrueuse qui de ses bras multiples s'accroche à nous, suce notre sang, nous épuise, nous entraîne dans les bas-fonds de la misère et nous y dévore. C'est ce qu'il y a de pire.

L'Économique classique n'a qu'un but, l'accroissement indéfini et de plus en plus concentré du capital, et elle cherche en même temps la possession la plus naturelle, la plus légitime et la mieux garantie des instruments de l'industrie et des résultats du travail et de l'épargne. Elle réclame une impossibilité. Il y a là une antinomie, aurait dit Proudhon, il y a là une contradiction. Aussi en est-elle pour ses peines. Le capital ne l'écoute pas. Il n'a point d'entrailles, il connaît la pitié moins encore que la justice. Il veut tout pour lui. Instruments et résultats, il prend tout. Il est le plus fort. Quel est donc l'homme politique qui a dit : *Divisez pour régner?* Divisez le capital si vous ne voulez pas qu'il règne sur vous, qu'il vous asservisse. Partagez-le, distribuez-le, aidez à sa diffusion entre le plus grand nombre d'hommes possible, et il sera l'instrument utile du travail, du bien-être, de la prospérité publique; vous régnerez sur lui, comme c'est votre droit, comme c'est votre devoir.

*
* *

Allons jusqu'au bout du programme, programme de la civilisation, selon nos docteurs. L'application de leurs théories nous donnera l'impôt modéré, de mieux en mieux assis et utilement employé; l'action des gouvernements sera de mieux en mieux définie et restreinte dans ses limites rationnelles. Mais n'est-ce point le capital tel que vous l'avez conçu et réalisé, tel aussi qu'il détruit tout ce que vous demandez si justement, n'est-ce point ce capital qui permet les emprunts d'État et, par suite, les dettes exorbitantes des nations, les impôts et les charges qu'ils entraînent? N'est-ce pas lui qui crée dans la société cet antagonisme qui exige l'intervention des pouvoirs publics, la restriction de la liberté, et permet les abus de l'arbitraire administratif et gouvernemental?

Dans le but de donner plus de force à la richesse, tous vos efforts tendent à la concentrer, et cette concentration ne peut se faire qu'au profit de quelques-uns et au détriment du grand nombre. L'épargne est engloutie : toutes les opérations des Sociétés de Banque et de Crédit ont pu être justement définies d'un seul mot, le drainage des capi-

taux. Le travail est ruiné : les ressources qui lui
sont indispensables lui sont enlevées par les
emprunts d'État, les loteries des Villes et du Crédit Foncier, les bons à intérêts des Société Générale, des Crédit Lyonnais, des Comptoir d'Escompte. Le capital devrait être notre soutien et
notre aide : nous sommes ses esclaves. Malthus,
qui est l'enfant terrible de la bande, l'a avoué :
l'homme qui n'a pas de fortune ou qui ne trouve
pas de travail n'a aucun droit, pas même le droit
à la vie ; il doit disparaître, il doit mourir.

*
* *

Telle est la logique, telles sont les harmonies
économiques. Tout concourt à protéger la richesse,
ce qui se comprendrait avec le communisme ; mais
dans l'état actuel de la société, comme en définitive la richesse a une appropriation personnelle,
cette protection est la protection de M. de Rothschild, et le sacrifice impitoyable du pauvre Labre
qui mendie du travail ou du pain à sa porte, au
coin des rues ou sous le porche de Notre-Dame.

« Il y a, dit M. Mathieu Wolkoff parlant des harmonies économiques, à prouver l'existence des phénomènes
découverts, à les analyser, à en tirer les conséquences
vérifiées par l'observation. Si ces conséquences se
trouvent être désavantageuses et même désastreuses à
l'économie sociale, la science aura à signaler que la
cause en est toujours dans le manque de quelque li-

berté éprouvé par le travail, et à rechercher les moyens de faire gagner cette liberté aux travailleurs [1]. »

L'observation de M. de Wolkoff est fort juste dans sa naïveté. Il est évident que l'harmonie existe quand rien ne la trouble, comme aussi nous avons la liberté et la justice quand aucune cause ne vient nous en priver. *Si les conséquences des phénomènes decouverts se trouvent desavantageuses et même désastreuses à l'économie sociale, la science aura à signaler que la cause en est toujours dans le manque de quelque liberté éprouve par le travail.* Eh! oui. Mais ces conséquences existent et ne sont pas précisément des harmonies. Voulez-vous parler de celles qui devraient exister? Nous sommes d'accord; tous les demandent, et Proudhon lui-même, en écrivant ses *Contradictions*, n'avait d'autre but que de les provoquer. Nous avons pris l'Économique classique en flagrant délit d'illogisme, quand de l'existence des faits elle conclut au droit, sans examiner si les faits sont conformes à la justice, sans rechercher s'ils ne pourraient pas être autres qu'ils ne sont. Ici cette méthode la gêne. Où serait la science dont on se targue, si elle ne présentait pas l'ensemble complet et bien ordonné qui constitue toute science? Qu'à cela ne tienne? Quand elle a besoin du fait, elle s'en empare et nous dit:

1. *Lectures d'écon. pol. rationnelle*, p. 169, in-18, 1861.

Voilà ce qui est, donc c'est ce qui doit être. S'il lui est utile, au contraire, pour sa prétendue harmonie, de renverser les rôles, elle s'écrie : Voilà ce qui doit être ; la logique de nos principes, de notre doctrine, de la science que nous devons à Smith, à Malthus, à Ricardo, à J.-B. Say et à Mlle Guillaumin, l'exige ; donc c'est ce qui est. Tout est harmonique chez elle. Nous mourons de faim par surabondance de population, car le travail manque et il y a pénurie des choses nécessaires à l'existence. Le phénomène est constaté, le fait indéniable. C'est une harmonie économique. Nous mourons encore de faim quand la population diminue, quand le travail devrait être plus abondant et plus productif. C'est toujours une harmonie. Car pourquoi n'en est-il pas autrement ? Il y a une cause qui empêche qu'il en soit autrement. — Rien n'est plus vrai, et M. de La Palisse, d'illustre mémoire, n'aurait pas mieux dit. — La science aura *à rechercher les moyens de faire gagner cette liberté* qui manque *aux travailleurs*. Mais, nous le voyons, ce n'est pas pour les travailleurs que la science cherche la liberté, mais au profit du seul capital, en faveur de la richesse seule et de ceux qui la détiennent.

*
* *

A quelque point de vue que l'on considère l'Économie politique, elle arrive à des résultats

contraires à ceux qu'elle cherche. Dans la production des richesses, l'homme est sacrifié à son
développement, pour le seul avantage du capital
et sans profit pour lui-même. Les procédés de
l'échange, qui ne devraient être que les moyens
de rendre les transactions plus faciles et plus
promptes, se sont perfectionnés de la plus étrange
manière : les banques ont changé de rôle et,
loin d'être les aides et les soutiens du commerce
et de l'industrie, attirent à elles, pour l'engloutir je
ne sais où, le transformer en un papier de spécu-
lation, favoriser les emprunts et les armements des
peuples, l'argent qui devrait servir au travail. La
circulation, au lieu d'être un avantage, n'est plus
qu'un leurre et une duperie, puisque, maîtresses
de la circulation, plus la circulation est active, plus
se multiplie la part qu'elles prélèvent, à chaque
mouvement, sur les sommes circulantes. Et c'est
la part du lion. La répartition est arbitraire et injuste, tous les produits du travail étant absorbés
par le capital qui ne lui rend rien. L'Économie
politique réclame hautement l'intérêt du consom-
mateur, et toutes ses théories, tous les moyens
qu'elle préconise, viennent protéger le producteur.
C'est chose naturelle : le producteur est le capital qui a toutes ses tendresses. Son grand dogme,
celui pour lequel elle s'est jetée à corps perdu dans
la lutte, le libre-échange, elle n'a pu, malgré tous
ses efforts, le faire prévaloir, et elle s'en étonne.

6

O naïveté ! Croyez-vous donc que la richesse, la
richesse abstraite, la richesse chiffre, la richesse
sans cœur et sans entrailles, à qui vous avez
donné la force, la puissance et tous les droits,
croyez-vous que la richesse, dût-elle ruiner un
peuple entier et tous les peuples, se sacrifiera au
bien de tous ? Croyez-vous que ceux qui la détiennent et que vous avez faits les rois de ce monde
vont abdiquer ? Autant demander au brochet de
changer de rôle avec la carpe qu'il va dévorer. Ils
ne le peuvent pas. On n'abat pas un homme sans
détruire ce qu'il représente ; Rothschild n'est pas
un homme, c'est un paquet de titres, une liasse
de billets d' banque, un lingot d'or, c'est le capital, et Rothschild existera tant que subsistera le
capital, tel que vous l'avez fait.

*
* *

Vous ne pouvez résoudre aucune des questions
qui intéressent le travail, parce que, dans votre
système, il est une cause qui les domine et qui
rend inutiles tous vos efforts. Cette cause, nous
l'appelons ici le capital, le capital abstrait, anonyme, concentré entre les mains de quelques
hommes seulement. Mais qui permet cette concentration au détriment des intérêts légitimes de
tous ? L'organisation sociale, la loi qui la consacre et la soutient. Comment cela ?

*
* *

« Le socialisme conclut, dit Proudhon — et le socialisme a raison, — en déclarant l'Économie politique une hypothèse fausse, une sophistique inventée au profit de l'exploitation du plus grand nombre par le plus petit; et, faisant application de l'apophtegme *a fructibus cognoscetis*, il achève de démontrer l'impuissance et le néant de l'Économie politique par le tableau des calamités humaines, dont il la rend responsable.

« Mais, si l'Économie politique est fausse, la jurisprudence, qui en chaque pays est la science du droit et de la coutume, est donc fausse encore, puisque, fondée sur la distinction du tien et du mien, elle suppose la légitimité des faits décrits et classés par l'Économie politique. Les théories du droit public et international, avec toutes les variétés de gouvernement représentatif, sont encore fausses, puisqu'elles reposent sur le principe de l'appropriation individuelle et de la souveraineté absolue des volontés [1]. »

La déduction est rigoureuse. Sur des faits faux et controuvés, on établit la justice sociale. Que vaut-elle donc ? Cependant cette justice arbitraire s'empare de nous, règle nos intérêts, nos actions, notre vie tout entière. Nous ne pouvons nous y soustraire, et l'homme depuis sa naissance jusqu'à sa mort, l'homme que l'on dit libre, l'homme dont on proclame les droits sacrés et inviolables, est la victime de cette force, la plus brutale et la plus odieuse de toutes, car, dans son hypocrisie, elle

1. *Contradictions économiques*, t. I, ch. i.

a la prétention de sanctionner nos actes. Au nom
de l'équité, elle a fait pénétrer dans les esprits
la conviction que ses sentences en sont l'expression, qu'elles sont, malgré les protestations indi-
gnées de la conscience, une flétrissure parfois
pour ceux qu'elles atteignent.

La fausseté de l'Économique classique est incontestable. Le sacrifice de lois auxquelles ses données servent de base est donc nécessaire. Oh !
elle nous répondra, mais par un sophisme. Elle
nous dira que ce ne sont pas ses principes qui
nous donnent le régime de la protection, puisqu'elle veut la liberté des échanges, qu'elle combat le militarisme, le fonctionnarisme, la crue
incessante des impôts, et bien d'autres choses
encore que cependant nous possédons. Et nous ne
cesserons de répéter qu'elle a posé, dans sa préoccupation constante du capital, de son accroissement, de ses privilèges, de ses droits, la cause des
anomalies qu'elle rejette, mais dont elle est responsable. Mais quels sont les esprits qui concluent,
et tous ne reculent-ils pas épouvantés devant la
conséquence ? C'est que la loi est un fétiche : si
l'on y touche, tout sera détruit, perdu, anéanti.
Comme si c'était détruire que de remplacer une
législation arbitraire, absurde, inique, par une
législation légitime, vraie et juste! La loi, la loi
fausse, mais respectée quand même, dans notre
égoïsme et notre lâcheté, vient ainsi consacrer

une situation fausse et prêter à son maintien l'appui même de la société. L'absurdité engendre l'absurdité, mais en l'aggravant. De l'esprit elle passe dans la volonté. Elle n'était que l'erreur de l'intelligence, elle devient le crime social.

Démontrer la fausseté des principes économiques, c'est bien. Mais cela ne suffit pas. Il faut conclure et conclure pratiquement. Or cette conclusion, nous l'avons dite ; c'est la réforme complète de la législation, sa conception dans un esprit d'humanité, son établissement sur les bases de la liberté et de la justice, la rédaction de ses textes sans équivoques ; c'est la destruction de tout l'attirail judiciaire actuel ; c'est la mise au rebut d'une magistrature pourrie jusque dans ses moelles. Il y a des théories préconçues, une science de l'iniquité enseignée partout sous le nom de Droit et dont sont imbues les générations : nous en montrerons l'inanité ; il y a des oppositions intéressées : nous les percerons à jour ; des préjugés qui aveuglent : nous les détruirons. Il faut montrer que nous ne devons du respect qu'à ce qui mérite le respect, à la vérité, à la justice.

En un mot, on ne peut résoudre *les questions sociales* que par la solution de *la question sociale*, et celle-ci réside dans les fondements mêmes de notre droit public et privé.

LIVRE II

L'ORGANISATION SOCIALE

———

I

LE RÔLE ABUSIF ET DÉFECTUEUX DE LA LOI

(1ʳᵉ PARTIE)

> « Autrefois la Justice et la Vérité nues
> Chez les premiers humains furent longtemps connues.
> Elles régnaient en sœurs ; mais on sait que depuis
> L'une a fui dans le ciel, et l'autre dans un puits. »
>
> (RULHIÈRE.)

Les lois, qui devraient établir l'ordre et l'harmonie parmi les hommes, apportent dans leurs rapports le trouble, la confusion, le désordre. Qu'est-ce donc que la loi ?

« La loi, dit Bastiat, qui n'est point un anarchiste, c'est l'organisation du droit naturel de légitime défense ; c'est la substitution de la force collective aux forces individuelles pour agir dans le cercle où celles-ci ont le droit d'agir, pour faire ce que celles-ci ont le droit de faire, pour garantir les personnes, les libertés, les propriétés, pour maintenir chacun dans son droit, pour faire régner entre tous la *justice*.

« Par malheur, il s'en faut que la loi se soit renfermée dans son rôle. Même il s'en faut qu'elle ne s'en soit écartée que dans des vues neutres et discutables.

Elle a fait pis : elle a agi contrairement à sa propre fin ; elle a détruit son propre but ; elle s'est appliquée à anéantir cette justice qu'elle devait faire régner, à effacer, entre les droits, cette limite que sa mission était de faire respecter ; elle a mis la force collective au service de ceux qui veulent exploiter sans risque et sans scrupules la personne, la liberté ou la propriété d'autrui ; elle a converti la spoliation en droit pour la protéger, et la légitime défense en crime pour la punir. »

Et il ajoute :

« Quels sont les peuples les plus heureux, les plus moraux, les plus paisibles? Ceux où la loi intervient le moins dans l'activité privée ; où le gouvernement se fait le moins sentir ; où l'individualité a le plus de ressort, et l'opinion publique le plus d'influence ; où les rouages administratifs sont les moins nombreux et les moins compliqués ; les impôts les moins lourds et les moins inégaux ; les mécontentements populaires les moins excités et les moins justifiables ; où la responsabilité des individus et des classes est la plus agissante et, où, par suite, si les mœurs ne sont pas parfaites, elles tendent invinciblement à se rectifier ; où les transactions, les conventions, les associations sont les moins entravées ; où le travail, les capitaux, la population subissent les moindres déplacements artificiels; où l'humanité obéit le plus à sa propre pente ; où la pensée de Dieu prévaut le plus sur les inventions des hommes ; ceux, en un mot, qui approchent le plus de cette solution : dans les limites du droit, tout par la libre et perfectible spontanéité de l'homme ; rien par la loi ou la force que la justice universelle [1]. »

1. *Dict. d'Écon. politique* (Guillaumin), art. *Loi.*

Jamais, malgré la modération du langage, réquisitoire plus énergique ne fut prononcé contre le mécanisme social. Sa condamnation est d'ailleurs devenue définitive depuis longtemps : l'application seule de la sentence tarde. Il est bon de la provoquer, en rappelant sans cesse ni repos les graves raisons qui ont nécessité la condamnation.

Eh ! quoi ? il est constaté, d'une part, que *partout où la loi intervient le moins, partout où la libre et perfectible spontanéité de l'homme*, selon les expressions de Bastiat, s'exerce avec le moins d'entraves, les peuples sont plus heureux et plus prospères ; il est constaté, d'autre part, que chez nous cette spontanéité est complètement annihilée ; que nous ne pouvons ni naître, ni vivre, ni mourir sans la perpétuelle inquisition de la loi ; qu'il n'est pas une seule de nos actions possibles qui ne soit réglementée ; pas un de nos rapports avec autrui qui ne soit prévu par le Code ; que nous sommes courbés sous le joug despotique de quinze cent mille lois dont la connaissance ne nous est pas possible et qui sont inconnues et plus encore méconnues de ceux mêmes qui les appliquent ; qu'elles changent, qu'elles varient constamment, qu'elles sont la plupart du temps non seulement arbitraires, mais de la plus flagrante iniquité ; que le nombre s'en accroît sans cesse ; — et l'on s'étonne que le malaise se fasse sentir, que le travail éprouve des difficultés, que l'on ne puisse plus vivre d'un labeur que l'on ne trouve pas ou qui n'est point productif ! Ce serait du contraire qu'il faudrait s'étonner, car les sociétés comme la nôtre étouffent sous la pression gouvernementale.

« Du berceau à la tombe, l'État nous étrangle dans ses bras ; il crée une armée d'employés, d'araignées aux doigts crochus, qui ne connaissent l'univers qu'à travers les sales vitres de leurs bureaux ou par leurs paperasses au grimoire absurde, une bande noire qui n'a qu'une religion, celle de l'écu ; qu'un souci, celui de se raccrocher à un parti quelconque, noir, violet ou blanc, afin qu'il garantisse un maximum d'appointements pour un minimum de travail [1]. »

* *
* *

Pourquoi en est-il ainsi ? Quelle est l'origine de cette situation, et comment peut-on l'accepter avec une telle patience que, si l'on voulait y réfléchir, la lâcheté la plus veule en serait dans l'admiration ? C'est que l'idée de société est complètement faussée, la notion en est pervertie, le but méconnu. Il semble que nous soyons créés et mis au monde pour le bonheur de cet être de raison qui s'appelle l'État. Nous en sommes tous les humbles serviteurs, les esclaves ; tandis que l'État, nous l'avons oublié, est fait pour nous, doit être à notre service. Les rôles sont intervertis : le domestique est devenu le maître, et le maître, ô honte !

1. Prince Kropotkine, *La Conquête du pain.*

consent à être le domestique. Tels ces vieillards
qui se sont familiarisés, victimes d'une passion
sénile, avec leur servante, finissent par lui laisser
prendre, peu à peu, avec l'administration du
ménage, l'autorité sur eux-mêmes et le gouvernement de leurs actions.

*
* *

Dans un passage de ses écrits devenu célèbre
sous le nom de *Parabole de Saint-Simon*, le
philosophe socialiste fait deux suppositions. Il
se demande d'abord ce qu'il adviendrait si
la France perdait soudainement ses cinquante
premiers médecins, ses cinquante premiers chi-
mistes, etc. etc., en tout à peu près trois mille
de ses premiers savants, de ses premiers industriels et de ses premiers artistes. Il faudrait à la
France, répond-il, au moins une génération entière
pour réparer ce malheur. Il pose ensuite cette
question :

« Qu'arriverait-il si la France avait le malheur de
perdre le même jour Monsieur, frère du roi, Monseigneur le duc d'Angoulême, Monseigneur le duc d'Orléans, Monseigneur le duc de Bourbon, Madame la
duchesse d'Angoulême, Madame la duchesse de Berry,
Madame la duchesse d'Orléans, Madame la duchesse
de Bourbon et Mademoiselle de Condé ; — qu'elle
perde en même temps tous les grands officiers de la
Couronne, tous les ministres d'État (avec ou sans dépar-

tement)... et, en sus de cela, les dix mille propriétaires les plus riches parmi ceux qui vivent noblement. » — « Cet accident, » continue-t-il, « affligerait certainement les Français, parce qu'ils sont bons, parce qu'ils ne sauraient voir avec indifférence la disparition subite d'un aussi grand nombre de leurs compatriotes. Mais cette perte de 30,000 individus, réputés les plus importants de l'Etat, ne leur causerait de chagrin que sous un rapport purement sentimental, car il n'en résulterait aucun mal politique pour l'Etat ; d'abord par la raison qu'il serait très facile de remplir les places qui seraient devenues vacantes..... »

Après avoir examiné cette question, Saint-Simon conclut ainsi :

« Ces deux suppositions montrent visiblement que la société actuelle est le monde renversé, puisque les pauvres doivent être généreux à l'égard des riches et qu'en conséquence les moins aisés se privent journellement d'une partie de leur nécessaire pour augmenter le superflu des gros propriétaires ; puisque les voleurs généraux, ceux qui pressurent la totalité des citoyens, et qui leur enlèvent trois ou quatre cents millions par an, se trouvent chargés de faire punir les petits délits contre la société; puisque en un mot, dans tous les genres d'occupations, ce sont des hommes incapables qui se trouvent chargés du soin de diriger les gens capables ; que ce sont (sous le rapport de la moralité) les hommes les plus immoraux qui sont appelés à former les citoyens à la vertu et que, sous le rapport de la justice distributive, ce sont les grands coupables qui sont préposés pour punir les fautes des petits délinquants. »

La société, ô Saint-Simon, plus aujourd'hui

encore que de votre temps, est le monde renversé.

*
* *

L'homme est un être sociable. Il a toujours
vécu en société, et les sauvages eux-mêmes ont un
commencement d'organisation, bien imparfaite,
sans doute, mais qui dément l'état de pure nature,
tel que l'ont rêvé certains philosophes, Hobbes,
Spinoza, J.-J. Rousseau. Plus il se civilise, plus
les liens sociaux se resserrent, pas toujours d'une
façon normale ni avantageuse pour les membres de
la société peut-être. Mais le fait n'est pas moins
certain. C'est que l'homme ne peut vivre qu'en
société. Physiquement, il lui est impossible, sans
le concours de ses semblables, de se défendre
contre les dangers de toutes sortes qui le menacent,
contre les rigueurs de la nature, contre les atteintes
des bêtes féroces, etc. Moralement la solitude pour
lui, c'est la mort. Il lui faut trouver dans la communication avec ses semblables la satisfaction de
ses sentiments et de ses affections naturelles.
Enfin l'homme est un être pensant et un être parlant. La pensée ne peut atteindre son complet
développement sans le secours de la parole, et la
parole suppose nécessairement des relations avec
des êtres de même nature qui puissent l'entendre
et y répondre.

« L'État, dit Aristote, vient de la nature, aussi bien
que les premières associations dont il est la fin dernière, car la nature de chaque chose est précisément
sa fin, et quand chacun des êtres est parvenu à son entier
développement, on dit que c'est là sa nature propre,
qu'il s'agisse d'un homme, d'un cheval ou d'une famille.
On peut ajouter que cette destination et cette fin des
êtres sont pour eux le premier des biens. Or, se suffire
à soi-même est à la fois un but et un bonheur ; de là,
cette conclusion évidente, que l'État est un fait de
nature, que naturellement l'homme est un être sociable,
et que celui qui reste sauvage par organisation, et non
par l'effet du hasard, est certainement ou dégradé ou
supérieur à l'espèce humaine [1]. »

Or, l'État n'est que la société constituée d'une
certaine manière, avec sa vie et ses organes
propres.

La philosophie contemporaine ne juge pas
autrement qu'Aristote. Büchner, que ses doctrines
matérialistes ne rendent pas suspect, dit :

« Plus l'homme s'éloigne de son passé et de sa parenté avec l'animalité, plus il remplace le pouvoir de
la nature, qui jadis exerçait sur lui un empire absolu,
par ses propres décisions libres et raisonnées, plus il
devient homme dans le vrai sens du mot, plus il approche du but que nous devons considérer comme étant
l'avenir de l'homme et de l'humanité. Mais, pour cela,
il lui faut avant tout reconnaître que jamais il n'atteindra sa destinée naturelle tant que, à l'imitation de
la bête, il aura seulement le sentiment de son individualité, tant qu'il se bornera à sa lutte pour l'existence

---

1. ARISTOTE, *Politique*, liv. I, ch. I.

de son propre compte et en obéissant à des mobiles égoïstes. L'homme est un être sociable ou social, par conséquent c'est seulement en s'unissant aux êtres de son espèce, c'est seulement dans la société humaine, qu'il peut accomplir sa destinée et arriver au bonheur. C'est seulement au sein de l'humanité et par elle que l'individu atteint son plein développement ; par conséquent, l'effort de cet individu vers le bonheur personnel est nécessairement lié de la façon la plus étroite à l'effort de l'humanité vers le bien-être et le progrès [1]. »

La société étant nécessaire à l'homme pour atteindre sa fin, il est évident que son organisation doit être combinée et établie en vue de cette fin. Et toutes les lois qui consacrent une organisation qui n'y répond pas sont mauvaises, injustes. Nous devons les réprouver. Elles constituent le crime social.

* * *

C'est surtout quand il s'agit du travail qu'il faut remonter jusqu'aux principes de l'organisation sociale. Car, si elle est basée sur des données économiques fausses, elle réagit ensuite pour produire des phénomènes économiques désastreux. Il faut, répète-t-on, prendre les choses telles qu'elles sont. Hélas ! nous y sommes bien forcés ; mais que penser d'une science qui prétend établir les lois du travail sur des faits tels quels, sans en examiner la valeur ; qui nous dit, comme Malthus, pour prendre

1. *L'homme selon la science*, trad. Ch. Letourneur, p. 208-209.

un exemple, qu'*un homme qui naît dans un monde déjà occupé, si sa famille n'a pas le moyen de le nourrir ou si la société n'a pas besoin de son travail*, que cet homme *n'a pas le droit à réclamer une portion quelconque de nourriture.* C'est, en effet, ce qui est ; Malthus a parfaitement constaté le fait. Mais à quoi sert-il de nous montrer la situation misérable des hommes, si ce n'est pour en tirer un enseignement utile et pratique ? La prévoyance, la contrainte morale indiquées par Malthus sont-elles une solution ? Et, si l'on n'observe pas cette contrainte morale, cette prévoyance, la population de surcroît qui en résulte et qui n'en est responsable ni matériellement ni moralement, doit mourir de faim ! Belle théorie en vérité, où l'on ne sait si c'est l'atrocité ou la sottise magistrale qui révolte le plus ! Il est une loi qui précède et condamne les doctrines malthusiennes. Dieu a dit : *Croissez et multipliez-vous*, et n'a fait à cet égard aucune réserve, n'a point parlé des conditions de temps et de lieu, a voulu que tout homme venant en ce monde pût pourvoir à son existence. Cependant, puisque la misère est un fait patent, où donc est la solution ?

* * *

Mais dans l'organisation des hommes en sociétés. Ils se réunissent, se groupent, parce que l'effort collectif est plus efficace que l'effort individuel, parce que l'aide réciproque qu'ils se prêtent par l'association de leurs intérêts sous une même protection permet le développement plus complet de leur activité. Les sociétés, si elles ne remplissent pas ce but, à quoi servent-elles ? *Si la société n'a pas besoin de son travail, l'homme n'a pas le droit à réclamer une portion quelconque de nourriture.* Mais c'est 'a négation de la société. Elle n'existe que pour aider l'homme à se procurer ce travail ; et comme l'homme n'a pas demandé à naître dans telle ou telle société, dans tel ou tel temps, qu'il n'a pas choisi, qu'il n'est pas libre d'entrer dans une société plutôt que dans une autre, que même la société dans laquelle il naît s'en empare dès son entrée dans le monde, elle contracte par là même l'engagement tacite de prendre les mesures nécessaires pour que chacun de ses membres puisse avoir, dans la grande famille sociale, la tâche spéciale à laquelle ses aptitudes le rendent propre, du travail, en un mot, qui lui permette de vivre. Je dirai plus : elle doit le nourrir, si, n'ayant point de ressources, il est malade, infirme, si encore, malgré ses efforts, il ne peut obtenir de travail. Que diriez-vous d'un père qui laisserait mourir son enfant, sous prétexte que la famille dans laquelle, un beau jour, celui-ci est tombé sans en laisser voir le moindre désir, n'a ni les moyens de le nourrir, ni besoin de lui ? Eh bien ! la société est une grande famille. Ou plutôt elle devrait être

une famille unie, en avoir les caractères, les mœurs,
les habitudes, dans les sentiments de fraternité de
tous ses membres les uns pour les autres.

*
* *

Les faits sont utiles à la science, mais ils ne
sont pas la science. Ce n'est pas surtout sur des
faits, dans les choses où la volonté de l'homme
intervient, qu'on peut la faire reposer. Il n'en est
pas de l'ordre moral comme de l'ordre physique :
ici l'on peut, de phénomènes constants, déduire
les lois naturelles ; là, ils sont changeants comme
la cause qui les produit et qui peut les modifier.
Aussi Proudhon a-t-il dit avec raison : *L'éco-*
nomie politique n'est plus qu'une impertinente
rapsodie, dès qu'elle affirme comme absolument
valables les faits collectiónnés par Adam Smith
et J.-B. Say [1].

On constate les mauvaises conditions du travail.
Elles sont indéniables. Qu'y a-t-il à faire ? Les
modifier dans un sens favorable. La conclusion
s'impose. Quels sont les points par où pèchent ces
conditions ? Nous l'avons indiqué déjà; mais il
est utile, puisque la cause réelle de la misère
humaine est inconnue ou plutôt niée de ceux à
qui elle profite, de la mettre en pleine évidence.
Il faut démontrer la nécessité de détruire cette

---

1. *Contradictions économiques*, I, ch. i.

cause vicieuse, et qui produit de déplorables effets. Il faut ôter toute excuse aux oppositions intéressées ou non. Proudhon a fait d'un étonnant mélange de vues profondes, et d'absurdités, de blasphèmes et d'appels désespérés à la justice, son livre du *Système des contradictions économiques*. Il n'a pas craint de remonter haut dans la chaîne des causes, puisqu'il donne pour base à ses théories Dieu lui-même, dont il est, dit-il, obligé d'admettre l'hypothèse. C'est à Dieu, en effet, qu'il faut aller, à Dieu, admis non comme une hypothèse, mais comme la réalité absolue et souveraine, non pour l'accuser d'un mal dont, en vertu de notre libre arbitre, nous sommes seuls responsables, mais pour voir en lui, uniquement en lui, la solution tant désirée. Dieu est le principe de la morale sociale comme de la morale individuelle : en dehors de lui il n'est ni liberté ni justice, par conséquent point de travail utile possible. Mais il ne s'impose pas à nous : nous le rejetons de la société, tant pis pour nous.

Il faut placer en lui le principe des sociétés, et cette raison suffit pour lui attribuer un rôle dans leur fonctionnement. Je ne veux pas rabâcher les lieux communs qui traînent partout. Le nom sacré de Dieu est trop respectable pour lui faire abriter des absurdités, comme l'ont fait souvent des philosophes saugrenus ou de prétendus théologiens. Dieu n'est point l'être que certains ont inventé,

favorisant toutes les tyrannies. Je l'invoque comme
le principe des sociétés, et je m'en réclame aussi
comme du seul arbitre, dans les sociétés, de la
liberté et de la justice. Les sociétés sans Dieu
sont et seront toujours défectueuses. Avec lui,
elles ne seront pas parfaites assurément — les
choses humaines ne le sont pas, — mais elles
vivront et se développeront dans des conditions
normales et satisfaisantes.

*
* *

Dieu est le principe d'où les sociétés tirent leur
origine. N'est-ce pas lui qui a donné aux hommes
des sentiments et des idées semblables, des désirs
conformes, la parole pour communiquer entre
eux, qui a établi la nécessité de leurs rapports
réciproques, qui, en un mot, les a créés sociables?
S'ensuit-il, comme le prétendent la plupart de
ceux qui admettent cette doctrine, que Dieu consacre tous les abus du pouvoir, tous les despo-
tismes, qu'il serve d'excuse aux organisations
mauvaises, qu'on puisse le faire intervenir pour
donner à la force, sous quelque forme qu'elle se
révèle, l'autorité dont elle manque? Non. Dieu
est le principe, ou plutôt il devrait l'être. Il l'est
en droit, en fait il ne l'est pas toujours. Comme
dans toutes les choses où il a laissé à l'homme
son libre arbitre, il lui permet de se soumettre

ou de se révolter, à ses risques et périls. Au point de vue moral individuel, il est aussi notre principe. Est-ce une raison pour le faire servir d'excuse à nos fautes, lui faire sanctionner le déréglement de notre conduite ?

Ceux qui donnent la force pour base aux sociétés ont raison, en ce sens que c'est, jusqu'ici, ce qui a toujours été. Leur théorie n'est fausse et dangereuse que parce qu'ils veulent faire de la force le droit.

« Grotius, dit J.-J. Rousseau, nie que tout pouvoir humain soit établi en faveur de ceux qui sont gouvernés : il cite l'esclavage en exemple. Sa plus constante manière de raisonner est d'établir toujours le droit par le fait. On pourrait employer une méthode plus conséquente, mais non plus favorable aux tyrans [1]. »

*
* *

La critique des deux opinions principales sur la base originaire et fondamentale de sociétés manifeste clairement les erreurs de l'une et de l'autre. La première part d'un principe vrai et en tire des conséquences fausses. La seconde part d'un principe erroné et logiquement les conclusions ne peuvent être, comme elles sont, que fausses et nuisibles.

La doctrine d'un *Contrat social*, préconisée par

---

1. *Contrat social*, ch. II.

J.-J. Rousseau, ne peut être admise : ou les articles
de ce contrat sont des lois positives, dépendant de
la seule volonté des hommes, et exigent, par conséquent, l'assentiment formel et explicite de chacun
des membres de la société, sinon l'on retombe
dans la théorie de la force brutale ; ou bien ces
articles reposent sur des notions de morale supérieure dont les lois positives ne sont que le développement et l'appropriation spéciale, et alors l'on
revient à Dieu, source de toute morale. Il est
impossible, si loin que l'on remonte dans l'histoire, de découvrir en aucun temps et en aucun
lieu, le moindre fait, le moindre indice, qui puisse
donner le soupçon d'un tel contrat. Si l'on veut
le supposer, malgré l'évidence, on est obligé
toutefois de convenir qu'il n'est pas le premier
principe. Il est dominé par un autre, le principe
du juste ou de l'injuste, du droit ou de la force.

Réservons donc précieusement la base véritable
de toute organisation sociale. Nous verrons le
parti que l'on pourrait en tirer, si on le voulait
bien.

Un fait incontestable, patent, c'est la misère qui
règne parmi les hommes, et dont la société, telle
qu'elle est constituée, est la cause. Qu'elle repose
sur la force, ou sur le droit détourné de son sens,
peu importe. Les conséquences sont les mêmes.

*
* *

On reconnaît, sans trop de peine, les inconvénients signalés. Comment donc se fait-il, dès que l'on veut toucher à cette arche sacro-sainte de la société, c'est-à-dire à l'un de ces principes vicieux qui la gâtent, à quelqu'un de ces pouvoirs qui l'oppriment, à ces lois injustes qui la ruinent et la conduisent aux abîmes des révolutions violentes ou de la corruption, comment se fait-il que nous prenions peur, que nous nous levions pour nous y opposer, que toute la force collective soit mise en mouvement pour réprimer, comme un crime, des tentatives qui ont pour but le bien de tous? Ou la société est parfaite, et il faut se garder d'en critiquer le moindre détail. Mais qui oserait le dire? Ou elle est défectueuse. Quel mal y a-t-il donc à chercher le mieux?

« L'homme, dit J.-J. Rousseau, est né libre, et partout il est dans les fers. Tel se croit le maître des autres qui ne laisse pas d'être plus esclave qu'eux. Comment ce changement s'est-il fait? Je l'ignore. Qu'est-ce qui peut le rendre légitime? Je crois pouvoir résoudre cette question [1]. »

L'esclavage de l'homme peut-il jamais être légitime? Nous ne le croyons pas. Les rapports réciproques des hommes ne créent pas forcément

---

1. *Contrat social*, ch. II.

pour eux une situation d'esclavage, de dépendance, de sujétion ; et il serait plus utile d'examiner si cette situation de sujétion, de dépendance, d'esclavage où ils sont réduits sous prétexte de société, est nécessaire pour qu'ils puissent vivre en société.

Pendant de longs siècles, on s'est habitué à croire que la liberté est incompatible avec l'existence des sociétés. Depuis cent ans à peine le mot a retenti dans le monde, mais nous n'avons jamais connu la chose. On ne peut guère juger que par comparaison entre certaines époques. Est-ce donc, quoi qu'en dise une mensongère histoire, sous le règne des despotes que la France fut le plus heureuse et le plus prospère ? Qu'ont fait d'elle les Louis XIV et les Napoléon ? Et si nous la voyons aujourd'hui rétrograder vers la barbarie, c'est que sous un gouvernement dont le nom signifie liberté, elle n'eut jamais si peu de liberté. Ce n'est plus en un homme que réside le despotisme : il est dans les institutions, dans les lois, dans les opinions, dans les corps constitués, dans la machine gouvernementale, en un mot, qui nous mutile sous ses dents de fer et nous broie dans son engrenage impitoyable. Autrefois, le chef, empereur ou roi, pouvait conserver quelques sentiments humains : la machine d'aujourd'hui n'entend rien, ne comprend rien ; elle agit et fonctionne brutalement, sans souci des ruines, des douleurs, des désespoirs ; et ceux qui la conduisent ne savent répondre aux cris de détresse qu'en activant sa marche et en lui faisant ainsi produire des calamités nouvelles.

La liberté, dites-vous, n'a produit que des émeutes, des divisions intestines, des révolutions. Cela prouve-t-il que la liberté est impossible? Vous ne pouvez pas le dire, puisque jamais vous n'en avez fait l'expérience. Et quant aux révolutions que vous m'objectez, qu'y a-t-il d'étonnant à ce que la lutte de deux principes qui s'excluent cause des troubles, occasionne des guerres intestines?

Cela est naturel, comme la bataille entre deux armées ennemies qui se rencontrent. Et, dites-moi, si l'on n'avait pas empêché la liberté de s'implanter, y eût-il eu des révolutions? Vous en accusez la liberté, et moi j'en accuse le despotisme qui n'a pas voulu lui céder la place. Il était le premier occupant, soit; mais c'était son seul droit et il n'est pas suffisant. Depuis des siècles, il régnait en maître et n'avait pas connu d'opposition, soit encore; mais la prescription n'a pas été inventée pour ce genre étrange de propriété. Vous combattiez pour des privilèges arbitraires et illégitimes : nous voulions la justice qui nous est due et que nous attendons. Qu'avez-vous gagné à cette guerre? Vos privilèges sont détruits, vos espérances ruinées ; ce que vous aimiez dans le despotisme, la part de pouvoir qu'il vous octroyait, a passé en d'autres mains dont le poids pèse sur vous comme sur nous. Peu vous importe : vous vous consolez de l'esclavage où vous êtes tombés avec nous par la pensée que vous nous avez empêché de conquérir la liberté. Vous aimez mieux être esclaves avec nous que libres avec nous.

Nous comprenons votre sentiment, qui n'est pas beau : vous espérez redevenir libres et forts, et nous laisser dans nos chaînes et notre impuissance. Vous voulez conserver la matière sur laquelle s'exercera votre pouvoir futur, qui, sans cela, serait illusoire. Je le veux bien, ou plutôt je ne le veux pas; mais, encore une fois, à qui faut-il reprocher les dissensions sociales ? A ceux qui réclament le droit naturel et légitime de la liberté, ou à ceux qui le repoussent dans l'intérêt de leur ambition et de leurs convoitises ?

Dans l'examen des choses sociales, nous marchons d'étrangeté en étrangeté, d'absurdité en absurdité. Il semblerait que le pouvoir et la liberté soient incompatibles. C'est par tradition que les uns sont ennemis de la liberté. Les autres, ceux qui l'acclamaient et qui s'en sont servis pour conquérir le pouvoir, s'empressent, aussitôt qu'ils exercent ce pouvoir, de la renier. C'est, il faut le dire encore, parce que chez nous l'État est tout, et les individus rien, tandis que les individus devraient être tout et l'État rien, si ce n'est pour le bien des individus. Nous avons, au moins en apparence, peut-être un peu plus de liberté politique qu'autrefois. Je dis en apparence : il s'en faut, en effet, que l'exercice de nos droits politiques soit sans entraves, que l'État, toujours l'État, ne sache y mettre des obstacles. Il y a des moyens pour cela. On les appelle des procédés de gouvernement, et le plus fort est celui qui s'en sert davantage, avec finesse et habileté. Quant à la liberté civile, elle est nulle, enserrés que nous sommes dans les liens de tous les codes et de toutes les réglementations, opprimés par le fonctionnaire, le magistrat, le notaire, l'avoué, l'huissier, et jusque par le garde champêtre.

*
* *

O liberté! liberté sainte! liberté chérie! faut-il désespérer de te posséder jamais?

« Longtemps, s'écrie Lacordaire, longtemps le dernier des capitaines avait rivé le sort à sa volonté, les Alpes et les Pyrénées avaient tremblé sous lui, l'Europe en silence écoutait le bruit de sa pensée, lorsque, las de ce domaine où la gloire avait épuisé toutes ses ressources pour lui complaire, il se précipita jusqu'aux confins de l'Asie. Là, son regard se troubla, et ses aigles tournèrent la tête pour la première fois. Qu'avait-il donc rencontré? Était-ce un général plus habile que lui? Non. Une armée qui n'eût pas encore été vaincue? Non. Ou bien était-ce l'âge qui refroidissait déjà son génie? Non. Qu'avait-il donc rencontré? Il

avait rencontré le protecteur des faibles, l'asile des
peuples opprimés, le grand défenseur de la liberté
humaine : il avait rencontré l'espace, et toute sa puissance avait failli sous ses pieds.

« Car, si Dieu a créé de telles barrières au sein de
la nature, c'est qu'il a eu pitié de nous. Il savait tout
ce que l'unité violente renferme de despotisme et de
malheur pour la race humaine, et il nous a préparé
dans les montagnes et dans les déserts des retraites
inabordables. Il a creusé la roche de saint Antoine et
de saint Paul, premier ermite ; il a tressé avec la
paille des nids où l'aigle ne viendra pas ravir les petits
de la colombe. O montagnes inaccessibles, neiges
éternelles, sables brûlants, marais empestés, climats
destructeurs, nous vous rendons grâces pour le passé,
et nous espérons en vous pour l'avenir ! Oui, vous nous
conservez de libres oasis, des thébaïdes solitaires, des
sentiers perdus ; vous ne cesserez de nous protéger
contre les forts de ce monde ; vous ne permettrez pas
à la chimie de prévaloir contre la nature et de faire du
globe, si bien pétri par la main de Dieu, une espèce
d'horrible et étroit cachot où l'on ne respirera plus
librement que la vapeur, et où le fer et le feu seront les
premiers officiers d'une impitoyable autocratie [1]. »

Quand on voit la fausseté de l'organisation sociale et l'injustice des lois qui la sanctionnent ;
quand, en un siècle, qu'on appelle le siècle de la
liberté, on sent peser sur ses épaules, aussi lour-
dement que nous le sentons, le poids du despotisme, que ce soit celui d'un homme ou celui d'un
régime, qu'il soit nominal ou qu'il soit anonyme,

---

1. LACORDAIRE, *Conférences de Notre-Dame*, 31e conf., 1845.

le cri du grand orateur résonne étrangement dans
les âmes. Serons-nous réduits à aller la chercher,
la liberté, dans les déserts et les montagnes, à
rompre avec nos semblables, à nous isoler et à
fuir, dans les thébaïdes des Paul et des Antoine, la
tyrannie? Peut-être. Qui sait si nous n'aurons pas
à traverser des temps cruels pour lesquels Dieu
nous a préparé ces retraites? Il ne nous défend
pas cependant de conquérir la liberté au sein même
de la société, et lui, qui est le principe de la société, ne l'a pas faite pour que nous en fussions les
victimes.

II

LE RÔLE ABUSIF ET DÉFECTUEUX DE LA LOI

(2ᵉ PARTIE)

D'après la doctrine catholique, le chef de la
société peut être choisi par le peuple; élu d'après
sa volonté et selon ses votes. Toutefois ce choix ne
confère pas l'autorité, qui dérive de Dieu seul ; il
désigne seulement celui qui doit l'exercer[1].

Cette doctrine est la vraie, et nous l'admettons
tout entière. Les termes généraux dans lesquels
elle est exprimée comportent seulement qu'elle
soit développée et précisée. Quel est ce pouvoir
que Dieu donne au chef? Quel en est le caractère?
N'a-t-il point de limites et quelles sont-elles? Est-il
irrévocable et ne peut-il le perdre? Le conserve-
t-il *en droit*, aussi longtemps que *de fait*, aussi
longtemps que la volonté du peuple le maintient

---

1. *Interest autem attendere hoc loco eos, qui reipublicæ præfu-
turi sint, posse in quibusdam causis voluntate judicioque deligi
multitudinis, non adversante neque repugnante doctrina catholica.
Quò sane delectu designatur princeps, non conferuntur jura
principatus : neque mandatur imperium, sed statuitur a quo sit
gerendum.* (LÉON XIII, Encyclique *Diuturnum illud*, 29 juin 1881.

explicitement ou tacitement à la tête du gouvernement.

Ce pouvoir est évidemment celui qui est nécessaire pour conduire la société à son but, c'est-à-
dire pour procurer le bien de tous ses membres
par l'organisation la plus propre au développement
simultané et harmonique de tous les individus
qui la composent. On peut déjà en déduire cette
conclusion que ce n'est pas, comme le prétend Grotius, les gouvernés qui sont faits pour les gouvernants, mais bien les gouvernants pour les gouvernés, et que l'autorité dont dispose le chef n'est que
la possibilité de remplir ses devoirs. Tout ce qu'il
s'attribue au-delà est abusif. Tout exercice de
pouvoir dans son intérêt personnel est arbitraire
et illégitime. C'est le bien de la société, et son bien
seul, qu'il doit poursuivre.

Selon saint Thomas, les devoirs du chef sont
d'assurer la transmission régulière et la perpétuité
des fonctions publiques ; de protéger les bons et
de réprimer les méchants par de justes lois ; de
défendre contre les attaques des ennemis le peuple
confié à ses soins. Il doit enfin user d'initiative
soit pour corriger ce qui est mal, soit pour suppléer à ce qui manque, soit pour rendre meilleur
ce qui peut être perfectionné [1].

Certes, un tel programme ne manque pas d'élas-

1. *De regimine principum*, lib. I, cap. xv.

ticité, et l'ambition peut y trouver les motifs de droits exorbitants, car l'on aura toujours à perfectionner, à suppléer, à corriger; les guerres ont toujours pour prétexte l'intérêt de la patrie, les lois n'osent se promulguer qu'au nom de la justice, et les fonctions publiques, aujourd'hui comme autrefois, favorisent, avant tout, les intérêts de quelques-uns au détriment des intérêts de tous; loin de pourvoir au bien social, elles ne font que servir les projets, l'ambition, le despotisme de celui qui les distribue ou de qui elles dépendent. Mais n'abuse-t-on pas de tout? Il n'en est pas moins vrai que l'énumération de ces devoirs comporte déjà une restriction, et, par conséquent, une limitation de l'autorité.

Droits et devoirs sont réciproques. Là où il y a un devoir, nous devons admettre le droit correspondant. Ici cependant, le droit n'est point personnel; il est attaché au titre et n'existe que pour permettre l'accomplissement du devoir. Le premier indiqué par saint Thomas est la transmission régulière et la perpétuité des fonctions publiques. Le chef de l'État a donc l'autorité nécessaire pour nommer, selon les règles de la constitution ou les usages établis, les fonctionnaires, pour leur donner des ordres, les diriger et, au besoin, les révoquer. Comment, dans la pratique, ce droit s'exerce-t-il et s'est-il toujours exercé? La faveur préside au choix, les ordres sont arbitraires, la direction ne vise que l'intérêt du chef. Quand la faveur est impuissante à l'entrée des carrières, elle se rattrape avec usure dans l'avancement hiérarchique qui divise bientôt, sous prétexte de mérite, mais sans qu'il y soit pour rien, les employés en deux catégories, celle des subalternes et celle des supérieurs. On crée des fonctions inutiles, on rétribue des sinécures. Le peuple qui travaille nourrit de ses sueurs une foule de parasites. Pense-t-on que ce soit ainsi que saint Thomas ait compris la transmission et la perpétuité des fonctions publiques?

Le devoir de protéger les bons et de réprimer les méchants par de justes lois entraîne le droit de rendre la justice. Mais les lois, nos lois, pour ne parler que de nous, sont-elles justes, répriment-elles les méchants, protègent-elles les bons? Et le chef de l'État, qui voit se commettre sous ses yeux toutes les abominations juridiques, qui, par indifférence, incapacité ou connivence tacite, laisse faire, pensez-vous que ce soit ce droit que lui reconnaît saint Thomas?

Louis XIV et Napoléon, et tous ceux qui ont déchaîné sur le monde les horreurs de la guerre, ne défendaient-ils pas le peuple confié à leurs soins? Demandez à saint Thomas si c'est ce droit qu'il leur attribue.

Et, si l'on parle de l'initiative, n'est-ce pas encore pour en dénaturer le sens? Les Louis XIV et les

Louis XV n'ont qu'un but : satisfaire leurs passions et leurs vices. Napoléon I⁰ʳ ne songe qu'à sa gloire. Le gouvernement de Juillet se fait un soutien de la bourgeoisie en l'enrichissant. Le troisième Empire sacrifie tout, même la patrie, pour sauver, sans y réussir, une dynastie vermoulue. La République détruit les mœurs, les croyances, la religion ; elle exalte la franc-maçonnerie incrédule et déchristianise la France. Non, ce ne sont pas là les droits du pouvoir, et saint Thomas ne les admet pas plus que nous.

*
* *

Un éminent philosophe de notre époque, non un révolutionnaire, un catholique, D. Raphaël Rodriguez de Cepeda, a posé, dans ses *Éléments de Droit naturel*, les lois générales qui doivent régler les attributions du pouvoir public. Nous les résumons ici :

1° Le pouvoir public peut ordonner et exiger tout ce qui est nécessaire pour l'existence de là société ;

2° Il peut ordonner et exiger tout ce qui est nécessaire pour garantir les droits des individus et des familles ;

3° Il peut aussi ordonner et exiger tout ce qui est nécessaire à la perfection et au progrès de la société, toutes les fois que ce qu'il ordonne et exige ne peut être obtenu par l'initiative et par l'action particulières;

4° Le pouvoir civil est limité par les droits des individus, des familles et de tous les organismes des groupes qui composent la société;

5° En cas de collision des droits du pouvoir civil avec les droits des individus, des familles, des associations naturelles, il faudra, conformément aux lois de la collision des droits, s'en tenir aux principes suivants :

a) Le pouvoir civil ne pourra jamais faire prévaloir un droit de l'État dont l'objet serait moins noble et moins important que l'objet du droit de l'individu, de la famille, de l'association;

b) Si les objets sont de même nature, le droit de l'État l'emporte;

c) Dans ce dernier cas, réduire ce droit à ce qui est absolument nécessaire à l'existence de l'État ou à la perfection sociale;

d) Dans le cas de progrès social, le droit de l'État ne l'emportera que quand ce progrès ne pourra être obtenu par l'initiative et l'action particulières;

e) Dans le cas où le droit de l'État devra l'emporter, il faudra le faire prévaloir avec le moins de dommage possible pour l'individu, et moyennant compensation pour ceux qui pourraient être lésés.

Concluez. Le pouvoir public chez nous suit-il

ces règles? Le pouvoir public, qui est tout, a-t-il souci du droit de l'individu, qui n'est rien? Les lois, soit judiciaires, soit administratives, sont-elles édictées pour protéger les individus, les familles, les associations, contre l'arbitraire des gouvernants, des fonctionnaires, des magistrats?

Essayez de faire prévaloir votre droit le plus légitime, le plus juste, contre la prétention la plus absurde de l'État. Vous prononcerez ensuite. Je suppose que vous n'êtes ni un Rothschild, ni l'ami du juge, ou du fonctionnaire, ou du ministre.

.**.

L'autorité du pouvoir humain est donc limitée par ses devoirs envers la société sur laquelle il s'exerce. Quel est le *criterium* qui nous indiquera s'il reste dans les limites ou s'il les outrepasse? La raison. Il n'en est point d'autres, mais elle suffit. Les La Vallière et les Montespan se faisaient gloire d'être les maîtresses de Louis XIV, et le grenadier d'Austerlitz pouvait ramasser sa tête emportée par un boulet, pour crier une dernière fois : Vive l'Empereur! Mais la corruption et l'enthousiasme ne sont point la raison, qui sait remettre les choses au point.

De cela cependant deux conclusions se dégagent avec évidence : c'est l'importance pour nous de juger sainement des choses politiques et sociales, de ne point nous laisser dominer par des passions et des entraînements irréfléchis. La raison nous dira les limites de l'autorité, et elle sera encore la force la plus puissante à opposer à ses empiètements. On ne résiste pas à la raison qui s'affirme, qui veut, qui s'impose.

Une autre conclusion, également évidente, c'est que, bien que Dieu soit le principe de l'autorité, en laissant à la raison humaine la liberté et le droit d'en préciser le caractère et les limites, il lui donne aussi la liberté et le droit de s'opposer au despotisme. Saint Thomas a reconnu aux peuples le droit, dans certains cas, de renverser les tyrans. Il écrivait cependant à une époque où le principe religieux, servant de base aux choses sociales, lui commandait une grande réserve. Que dirait-il aujourd'hui où l'absence de ce principe ne permet plus de l'invoquer en faveur de l'autorité?

La règle de la conduite, dans les choses de l'ordre moral, est la conscience éclairée par la droite raison. Elle est impérieuse, et domine la loi positive, de telle sorte que, si celle-ci n'apparaît pas clairement à la conscience, que la conscience soit dans le doute, que la loi positive ne lui semble pas être conforme à la raison, nous devons passer outre au précepte pour écouter la voix intérieure qui commande. Ce que Dieu punit, ce n'est pas l'acte matériel, c'est la désobéissance à sa volonté. L'assassinat commis involontairement ou dans un accès de

démence ne rend pas le meurtrier coupable : la
raison et, par conséquent, la volonté n'y ont aucune
part. Notre caractéristique est la raison. Dieu respecte toujours en nous le sceau dont il nous a
marqués. Je suis catholique, et je remplis les
devoirs que m'impose ma croyance. Je fais bien,
parce que j'ai la conviction d'être dans la vérité.
Mais, si ma raison ne me laissait pas douter que je
suis dans le faux, que la foi que je professe est une
absurdité et que les motifs sur lesquels elle repose,
prophéties, miracles, sont mensongers, que la révélation n'a jamais existé, j'aurais tort, au point de
vue catholique même, de rester dans la religion
catholique. La supposition est absurde, je le sais.
Mais il me semble qu'elle explique clairement la
règle des actes humains. Faire le bien en croyant
faire le mal, c'est faire le mal.

*
* *

Telle est la règle, lorsqu'il s'agit de la loi morale,
de la loi de Dieu, même positivement édictée. Elle
s'impose évidemment avec plus de rigueur encore
quand il s'agit de la loi humaine, qui peut être
arbitraire, illégitime, injuste. Eh quoi! la conscience est le guide qu'il nous est interdit d'abandonner dans un ordre de choses infaillibles, et nous
ne devrions pas en suivre les inspirations dans le
domaine de l'incertain ? Non, nous ne pouvons

abdiquer notre raison, renoncer à notre nature.
La raison, qui est notre signe distinctif, nous a été
donnée pour nous en servir en tout, toujours et
partout, et les lois ne sont que des points de repère
pour l'empêcher de s'égarer. Il est bien évident que
les lois humaines sont des jalons mal plantés et
trompeurs.

La raison doit-elle se taire devant la nécessité
sociale ? Eh ! non, mille fois non, parce que, encore
une fois, nous ne pouvons renoncer à notre nature
d'êtres raisonnables, et aussi parce qu'elle n'est jamais et ne peut jamais être contraire à l'intérêt de
la société. Elle peut être opposée à certaines ambitions qui n'ont rien de commun avec cet intérêt, et
nous ne confondons pas la raison avec les opinions
personnelles. On a abusé de ce prétexte frivole pour
annihiler la raison. En fait, n'est-elle pas le meilleur soutien des gouvernements, et que deviennent-
ils quand l'opinion publique, c'est-à-dire la raison
supérieure et universelle, les abandonne? Elle peut
être faussée ; mais si, fausse, elle soutient ou renverse, n'a-t-elle pas encore plus de force quand elle
est droite ? Soumettre la raison aux lois humaines,
mais savez-vous ce que c'est? C'est ordonner le
mal, l'imposer aux hommes. C'est faire des mal-
honnêtes gens. C'est, en effet, les forcer à sacrifier la
règle supérieure de la morale à un texte arbitraire.
Aussi les nations qui n'ont plus que la crainte
du gendarme tombent-elles vite dans l'anarchie.

Les lois, d'après saint Thomas, sont injustes dans trois cas : 1° quand elles sont contraires au bien public ; 2° quand elles dépassent le pouvoir des législateurs ; 3° quand elles violent la justice distributive. Notre raison seule peut nous dire si elles sont entachées de l'un ou de l'autre de ces vices. Ne l'oublions pas, les lois humaines n'obligent pas la conscience en tant qu'elles sont une œuvre humaine : jamais l'homme n'a le droit de commander à l'homme. Elles l'obligent seulement parce qu'elles sont une dérivation de la loi éternelle, et elles ne sont une dérivation de cette loi éternelle que si elles sont justes et légitimes. Ce n'est pas seulement un droit pour nous de refuser l'obéissance aux lois injustes, c'est un devoir. Aux choses licites seules nous pouvons donner notre assentiment.

Mais, sous l'empire de la morale juridique qui est la négation de la morale, on oublie ces vérités. Les plus honnêtes gens eux-mêmes, à ce point de vue, ont l'esprit obscurci. Si nous étions moins indifférents ou moins légers, si nous rapprochions nos lois du triple caractère qui peut les vicier, en trouverions-nous beaucoup de justes ? Et, si nous remplissions notre devoir, nous soumettrions-nous à des prescriptions que réprouve la conscience ?

*

« Le droit naturel de l'homme, dit Quesnay, peut être

défini vaguement : le droit que l'homme a aux choses propres à sa jouissance [1]. »

Et un peu plus loin il ajoute :

« Si le père et la mère de l'enfant meurent, et que l'enfant se trouve sans autres ressources, abandonné inévitablement à son impuissance, il est privé de l'usage de son droit naturel, et ce droit devient nul. Car cet attribut relatif est nul quand son corrélatif manque. L'usage des yeux est nul dans un lieu inaccessible à la lumière [2]. »

Ces mots : *et le droit devient nul*, constituent, à notre sens, une grave erreur. Que l'on puisse ou non user du droit, le droit n'existe pas moins. On nous prive de liberté, de justice. Notre droit à la liberté, à la justice, est-il donc détruit, parce que nous n'en pouvons faire usage ? Certes le droit a son corrélatif dans le devoir. C'est, en somme, la même notion envisagée dans un sens différent ; et il n'est pas moins vrai que le droit est la notion positive dont le devoir est la négation, au sens philosophique du mot, comme l'imperfection est la négation de la perfection. Le devoir peut ne pas subsister. Le droit ne peut être détruit. Dieu n'a pas de devoirs. Il a nécessairement le droit.

Mais, parce que la morale nous impose le devoir, le triple devoir envers Dieu, envers autrui et envers nous-mêmes, il ne s'ensuit pas que notre

1. QUESNAY, *Droit naturel*, ch. I.
2. QUESNAY, *Droit naturel*, ch. I.

droit soit détruit. Ce triple devoir n'a même
qu'un but, c'est de parvenir à notre fin, à l'usage
complet et entier de notre droit, soit de celui que
nous confère notre nature, soit de celui que Dieu
veut bien, dans un ordre plus relevé, nous reconnaître gratuitement.

Le droit naturel de l'homme n'est pas détruit
par la société, ou du moins ne devrait pas l'être.
La société n'a qu'une raison d'être, c'est de lui
permettre, par l'association des forces, l'usage
plus complet et plus étendu du droit naturel, dont
sa faiblesse le priverait souvent s'il était réduit à
ses forces individuelles.

Aussi J.-J. Rousseau a-t-il tort de dire :

« Ce que l'homme perd par le contrat social, c'est sa
liberté naturelle et un droit illimité à tout ce qu'il
tente et qu'il peut atteindre ; ce qu'il gagne, c'est la
liberté civile et la propriété de tout ce qu'il possède.
Pour ne pas se tromper dans ces compensations, il
faut bien distinguer la liberté naturelle, qui n'a pour
bornes que les forces de l'individu, de la liberté civile,
qui est limitée par la volonté générale ; et la possession,
qui n'est que l'effet de la force ou le droit du premier
occupant, de la propriété, qui ne peut être fondée que
sur un titre positif [1]. »

L'homme ne doit rien perdre de son droit naturel
par la société. Elle ne doit qu'étendre ce droit et en
faciliter l'usage. Par droit, nous entendons, bien en-

---

[1]. J.-J. ROUSSEAU, *Contrat social*, liv. I, ch. VIII.

tendu, ce qui reste dans les limites de la morale, car
en dehors, que l'homme vive en société ou hors de
la société, il n'y a pas de droit. La liberté civile
ne doit être que le recul des bornes de la liberté
naturelle, et la propriété n'a d'autre objet que de
légitimer et d'affermir la possession. Quel serait
donc l'avantage de la société, s'il n'en était pas
ainsi ?

Quesnay, malgré la confusion qu'il fait du droit
naturel et de l'usage de ce droit, reconnaît, avec tous
les physiocrates, que le droit naturel des hommes
n'est pas restreint par les lois civiles ou positives :

« La jouissance de leur droit naturel, dit-il, doit être
fort bornée dans cet état de nature et d'indépendance
où nous ne supposons encore entre eux aucun concours
pour s'entr'aider mutuellement, et où les forts peuvent
user injustement de violence contre les faibles. Lorsqu'ils seront en société et qu'ils feront entre eux des
conventions pour leur avantage réciproque, ils aug-
menteront donc la jouissance de leur droit naturel ; et
ils s'assureront même la pleine étendue de cette jouissance, si la constitution de la société est conforme à
l'ordre évidemment le plus avantageux aux hommes,
relativement aux lois fondamentales de leur droit naturel [1]. »

Entre-t-on, en effet, dans une association pour
compromettre ses intérêts ? Le négociant qui dispose de cent mille francs et qui s'associe avec un
autre disposant de la même somme, quel est son

---

1. QUESNAY, *Droit naturel*, ch. III.

but? C'est d'obtenir par une force double et une activité double, non pas le même profit, mais un double et quadruple bénéfice. Mais abandonne-t-il ses droits ?

Sacrifie-t-il son capital? Non. Ses chances de gain sont augmentées ; son droit à la fortune, par conséquent, loin de diminuer, prend une extension plus grande. Il est obligé cependant de respecter les droits égaux de son associé. Il a là un devoir. Mais ce devoir restreint-il son droit à lui? Non encore. Il n'y a donc pas contradiction entre le droit et le devoir, et nous ne comprendrons jamais pourquoi il en est autrement dans la société, nous ne comprendrons jamais pourquoi il n'en serait pas désormais ainsi, car la société n'est pas autre chose qu'une association. Mais, dans la société, nous avons le malheur d'avoir un et quelquefois plusieurs gérants. Ils ont pris tous les droits pour eux et nous laissent tous les devoirs. Dans une association privée, leur conduite les livrerait pieds et poings liés à la vindicte publique. Ici ils s'appellent le gouvernement, et nos idées sont tellement faussées à cet égard que le plus gredin est celui que nous respectons le plus. Nous en faisons un grand homme. Nous le couvrons de gloire. L'histoire, la sotte et bête histoire, lui consacre ses pages les plus élogieuses, et les générations sont élevées dans l'admiration de la coquinerie la plus éhontée.

« ... Si la constitution, ajoute Quesnay, de la société
est conforme à l'ordre évidemment le plus avantageux
aux hommes, relativement aux lois fondamentales de
leur droit naturel. »

Si, en effet ; et c'est là le vrai point de la question. Mais précisément cette condition a toujours
manqué.

« Souvent le droit légitime restreint le droit naturel,
parce que les lois des hommes ne sont pas aussi parfaites que les lois de l'auteur de la nature, et parce que
les lois humaines sont quelquefois surprises par des
motifs dont la raison éclairée ne reconnaît pas toujours
la justice ; ce qui oblige ensuite la sagesse des législateurs d'abréger des lois qu'ils ont faites eux-mêmes. La
multitude des lois contradictoires et absurdes, établies
successivement chez les nations, prouve manifestement
que les lois positives sont sujettes à s'écarter souvent
des règles insinuables de la justice et de l'ordre naturel
le plus avantageux à la Société [1] ».

Sans doute, c'est parler avec un calme trop
philosophique d'une déviation des choses aussi
préjudiciable aux hommes, et c'est un abus de langage qui peut être dangereux que d'appeler droit
légitime le droit positif. Mais, enfin, le fait est reconnu, et il est bon de signaler toujours que *les lois
positives sont sujettes à s'écarter souvent des règles
immuables de la justice*, quand on a établi que
« les conventions ne peuvent être faites entre les
« hommes que pour reconnaître et pour se garan-

---

1. QUESNAY, *Droit naturel*, ch. II.

« tir mutuellement ces droits et ces devoirs (anté-
« rieurs aux conventions) établis par Dieu même[1]. »

Nous entrons dans ce monde avec le droit naturel à la liberté, à la justice, au travail, à la vie.
La société n'ayant d'autre but et d'autre raison
d'être que de nous faciliter l'usage de ces droits,
elle ne peut non seulement les détruire, mais
même les limiter. Le devoir m'oblige à respecter
chez mon voisin la liberté, la justice, le travail,
la vie, comme il doit les respecter chez moi. Mais,
encore une fois, ce devoir ne s'étend pas plus loin ; il
est chose purement négative, il ne consiste qu'à ne
pas empiéter sur les droits du voisin, et, puisque
le bénéfice de mon association avec lui doit nous
procurer à l'un et à l'autre une plus grande liberté,
un appui plus efficace, un travail plus fructueux, un
droit à la vie plus grand et plus complet, je ne vois
pas comment il se fait et peut se faire que la société
restreigne et même détruise mes droits naturels.

Que si les frais généraux de l'association sont
trop élevés, que les finances en soient gaspillées et
détournées par vos gouvernements, qu'ils s'em-
parent des profits et ne nous laissent que les
charges, c'est là, nous le savons, l'explication du
fait. Mais alors la société, au lieu de remplir sa fin,
nous devient nuisible.

C'est bien ce qui est, et c'est là le crime social.

---

1. Dupont de Nemours, *Origine et progrès d'une science nou-*
velle, § 1.

III

LE RÔLE ABUSIF ET DÉFECTUEUX DE LA LOI

(3ᵉ PARTIE)

Les principes de 1789, inscrits dans la déclaration des Droits de l'Homme et du Citoyen. sont, dit-on, la base de notre droit public.

Ils proclament la souveraineté de la nation, l'égalité devant la loi, la liberté individuelle et la garantie de la propriété. Ils veulent que l'élection soit la base de toute autorité, et le libre suffrage est assuré à l'universalité des citoyens. Ils décrètent la responsabilité des dépositaires du pouvoir, l'intervention des gouvernés dans le gouvernement et le contrôle des dépenses publiques par les représentants du peuple. Ils assurent l'indépendance des opinions religieuses et politiques, et la libre communication des pensées par la parole, par l'écriture et par la presse.

Que reste-t-il de ces principes? Rien. N'y a-t-il pas une loi sur la liberté de la presse, c'est-à-dire restrictive de cette liberté? Mes convictions sont-elles libres, quand on décrète et qu'on m'impose

par la force des lois que ma conscience réprouve ?
Qui oserait prendre au sérieux le contrôle des
dépenses publiques et la responsabilité des dépositaires du pouvoir ? Où est la liberté du suffrage
devant les promesses, les injonctions, les menaces
plus ou moins déguisées des fonctionnaires ?
L'élection, base de toute autorité, est-ce elle qui
donne à vos juges le pouvoir arbitraire et formidable dont ils disposent ? — Vous me parlez de
liberté individuelle, et ma liberté est à la discrétion du dernier de vos valets, d'un procureur ou
d'un substitut, écume des Écoles de Droit ; de
garantie de la propriété, et cette garantie est son
partage entre le fisc, les notaires, les avoués, les
huissiers, sous la haute et toute-puissante protection de la loi ! — L'égalité devant cette loi, dont
vous avez toujours le nom sur les lèvres, est-elle
dans le profond respect que la loi témoigne aux
voleurs riches, aux escrocs puissants, escrocs
qu'elle connaît, voleurs qui lui sont signalés, et
dans l'acharnement insensé avec lequel elle poursuit et accable les innocents, pauvres et malheureux ? Que reste-t-il donc des immortels principes ? La souveraineté de la nation, peut-être ?
Qu'est-ce que cette souveraineté d'un peuple qui ne
lui donne ni la liberté ni la justice, qui le pressure
sous les charges et les impôts, ne sait faire de ses
enfants que de la chair à canon, le ruine, le plonge
dans la misère et le laisse mourir de faim ?

* *

Toutes nos lois sont faites contre la société en faveur du despotisme, quelle que soit la forme qu'il revête. Quel est le but du Code civil ? L'affaiblissement des forces sociales au profit du pouvoir.

« Etablissez le Code civil à Naples, écrivait Napoléon à son frère Joseph ; tout ce qui ne vous est pas attaché va se détruire en peu d'années, et ce que vous voudrez conserver se consolidera. Voilà le grand avantage du Code civil... Il consolide votre puissance, puisque, par lui, tout ce qui n'est pas fidéicommis tombe, et qu'il ne reste plus de grandes maisons que. celles que vous érigez en fiefs. C'est ce qui m'a fait prêcher un Code civil et m'a porté à l'établir [1]. »

L'aveu est bon à retenir. Voici la condamnation, et c'est l'un des plus grands admirateurs du Code qui, sans le vouloir assurément, l'a prononcée : « Un peuple n'est pas libre, dit M. Troplong, s'il « n'a pas le droit de tester, et la liberté du tes- « tament est une des plus grandes preuves de sa « liberté civile [2]. » Or quelle est, dans le Code, cette liberté de tester, et par conséquent quelle est notre liberté civile ?

Pourquoi donc sommes-nous plongés dans l'admiration béate de ces lois destructives de la liberté

1. Lettre de Napoléon à Joseph, du 5 juin 1806. *Mémoires et correspondances politiques et littéraires du roi Joseph*, t. II, p. 275. Paris, 1853.
2. *Préface du Traité des donations entre vifs et des Testaments.*

9

.et des forces vives du pays ? D'abord par une raison d'éducation. N'y a-t-il pas chez nous, dans les
Écoles de Droit, des professeurs, gens savants,
membres des Académies, qui inculquent officiel-
lement à la jeunesse la connaissance et l'amour du
Code ? Quelle affection on lui voue, quel attache-
ment, quelle tendresse ! Là, les principes les plus
immoraux sont enseignés sous le nom de justice.
Le texte de loi, fût-il le plus atrocement odieux et
barbare, est l'objet d'un respect sacré. Mais la conscience de l'équité a disparu. Le Droit n'est plus
que la science de commettre impunément l'injustice ; et l'on fausse ainsi, l'on empoisonne, de
génération en génération, l'esprit public.

* *

« L'ensemble grandiose du monument, dit M. Glasson, l'harmonie de ses proportions, les bases éternel-
lement vraies et justes sur lesquelles il repose, savoir :
la morale et la connaissance pratique des rapports de
l'homme en société, couvrent et rachètent la faiblesse
de quelques détails. Eh bien, on s'est principalement
attaqué chez nous à relever les imperfections de ce
Code, au lieu de montrer qu'il protège la liberté individuelle, organise la famille, sanctionne la propriété,
assure le respect des contrats en se fondant sur les
véritables bases de la morale. »

Et l'on enseigne dans les chaires publiques, l'on
démontre dans les livres que *nos lois donnent
presque toujours satisfaction à la justice et à l'uti-*

lité sociale. Si nous le contestons, savez-vous la réponse :

« Qui connaît bien notre Code civil ? Que le premier venu, s'il n'est pas jurisconsulte, ouvre un commentaire, un traité de droit civil. Il est bientôt rebuté par les termes techniques de la langue du droit ; ou il s'égare dans le dédale des questions, des controverses que l'auteur est tenu de rappeler pour être complet [1]... »

En d'autres termes, vous n'y entendez rien. Il faut être du métier pour en juger. Ce à quoi nous répondons : c'est là précisément la condamnation de votre loi. La loi est faite pour tous. Elle doit être claire et nette, et nos biens, notre honneur, notre liberté, ne peuvent dépendre des interprétations équivoques des jurisconsultes. Nous rejetons cette loi, nous réprouvons des jugements rendus au nom de textes obscurs que le magistrat interprète à sa guise.

Ni liberté, ni moralité, ni justice, tels sont les caractères que présente le Code. Nous n'en ferons pas l'analyse, notre but n'étant pas d'entreprendre la contre-partie des livres émanés de la Faculté. Aussi bien la tâche serait-elle trop facile ; et il n'est pas besoin de réfuter des assertions, comme

---

1. *Eléments de Droit français*, t. I, Intr., ch. III. Nous citons M. Glasson, professeur agrégé à la Faculté de droit de Paris, moins pour réfuter ses opinions personnelles que les opinions en vogue dans les écoles et dont son livre est le résumé fidèle. Nous avons celui-là sous la main. Il suffit pour montrer à quel point on peut porter la sophistique juridique.

celles qui fourmillent dans l'ouvrage de M. Glasson et dont nous cueillons encore quelques-unes au hasard : « Ce n'est pas là un devoir de pure « morale ; il est garanti par une sanction légale [1], » comme si la pure morale était chose négligeable, comme si elle était inférieure à la légalité et lui était soumise ! — L'inaliénabilité « est considérée « comme contraire à l'ordre public, à l'intérêt « général, au crédit ; elle entrave la libre circula- « tion des biens. Or, cette libre circulation des « biens est une des principales causes de l'augmen- « tation générale des richesses ; grâce à elle, les « biens finissent toujours par arriver entre les « mains de celui qui se trouve le mieux en état de « les faire valoir [2]. » Ainsi, M. de Rosthschild — à toi, Drumont ! — se trouvant mieux en état que presque tous les Français de faire valoir les capitaux, il est bon, il est utile, il est juste que les capitaux viennent enrichir M. de Rothschild à notre détriment ! Car enfin, s'ils sont à lui, ils ne seront plus à nous ; et c'est bien ce qui arrive. — Mais la perle, une perle inestimable, est ceci : « Toutes ces dispositions relatives à la prise à « partie sont sans importance pratique ; il y a « fort peu d'exemples de prise à partie, et le plus « souvent celui qui attaque un juge succombe « dans sa demande. C'est même là un des plus

---

1. *Éléments de Droit français*, t. I, liv. II, ch. IV, p. 151.
2. *Éléments de Droit français*, t. I, liv. II, ch. V, p. 168.

« beaux éloges que l'on puisse faire de notre magis-
« trature [1]. » O logique ! Mais cela ne prouve
qu'une chose, monsieur le professeur, une seule
chose : votre candeur et votre naïveté. Cela prouve
que les loups ne se mangent pas entre eux ; cela
prouve que la justice n'existe pas contre les juges
prévaricateurs ; cela prouve que la justice, en
France, est moins qu'un mot, qu'une ombre,
qu'un rien. Cela prouve qu'elle est l'arbitraire et
l'iniquité.

Cela prouve qu'elle est le crime social.

*
* *

Il y a bientôt cent ans que le peuple le plus spirituel de la terre, qui a tenté, dans plusieurs révolutions, de conquérir la liberté politique, admire
de confiance les lois qui le privent de la liberté
civile. On lui répète qu'il n'y a rien de mieux sur
la terre, et il le croit sans autre examen. Mais il y
a une autre raison encore. Sous ce régime, le législateur obtient l'appui « des officiers ministériels
« chargés de l'exécution de la loi, et soutenus au
« besoin par la force publique. Plusieurs de ces
« fonctionnaires trouvent dans cette institution la
« fortune et l'influence. Ils sont donc portés à com-
« battre les traditions et les sentiments qui ten-
« draient à subordonner les prescriptions de la loi

1. *Éléments de Droit français*, t. II, liv. VII, ch. viii, p. 297.

« à celles du testament[1]. » M. Le Play vise spécialement ici la liberté de tester. Il est superflu de
faire remarquer que l'observation s'applique, avec
la même exactitude, à tous les articles du Code.

Que ceux à qui il permet de s'engraisser de nos
dépouilles le défendent et le bénissent, on le comprend ! Que le pouvoir dont il est l'arme pour nous
maintenir dans la servitude en fasse chanter les
louanges, soit ! Mais nous ne sommes point faits
pour le bon plaisir du pouvoir; nous ne vivons
pas pour édifier la fortune des notaires et des huissiers. — Nous donne-t-il la liberté et la justice ?
Favorise-t-il le travail? Telle est la question. A
ceux qui oseraient le prétendre, je réponds : Vous
mentez !

*
* *

La concentration en un point unique de tous les
fils qui font mouvoir la machine sociale, la centra-
lisation des pouvoirs et la codification des lois, les
mêmes règles appliquées partout uniformément
sans tenir compte des lieux et des circonstances, est
une anomalie à peine concevable. La nature n'a-
t-elle pas établi des différences entre les habitants
des différentes régions? Les besoins sont-ils les
mêmes partout? La sauvegarde des intérêts ne com-

1. F. LE PLAY, *La Réforme sociale*, t. I, ch. XVII, p. 242.

porte-t-elle pas ici d'autres mesures que là? Les
mœurs, les habitudes, les coutumes ne varient-elles
pas du nord au midi, de l'est à l'ouest? Mais qu'importe! pourvu que par l'uniformité le pouvoir tienne
plus étroitement entre ses mains notre vie publique
et notre vie privée, qu'il soit fort, qu'il domine, qu'il
opprime, qu'importent nos mœurs, nos intérêts,
nos besoins? Qu'importe, si la viticulture est rui-
née, parce qu'on lui applique le régime de la bière?
Qu'importe si les régions agricoles meurent d'ané-
mie, parce qu'elles sont traitées comme les pays
industriels? Qu'importent la liberté et la justice?
Est-ce que l'on s'en inquiète? Il est une chose plus
importante. Le préfet, le juge, le gendarme, le per-
cepteur, le rat-de-cave, ont partout la même règle à
appliquer. Ils n'ont pas besoin de savoir où ils sont.
A Lille ou à Marseille, à Brest ou à Nancy, ils opèrent
de la même manière. On peut ainsi les faire voya-
ger d'un bout à l'autre de la France, et ni eux ni
ceux qui les dirigent n'ont à se préoccuper des
besoins des populations. Cela ne compte pas.

Parlant des lois de succession, M. Le Play fait
une observation qui peut s'appliquer à tout notre
régime légal et administratif :

« Sous ce rapport (du régime de succession), les
sociétés rurales ou urbaines du moyen âge ont été
supérieures aux populations classiques de l'antiquité.
Elles ont créé elles-mêmes par l'action réitérée du testament leurs institutions sociales et, par suite, leur

constitution politique. Ces races, éclairées par le Dé-
calogue et l'Évangile, ont compris que la prospérité du
foyer domestique et de l'atelier de travail était intimement liée à l'observation de ces deux codes. Elles ont
fondé la stabilité de l'ordre moral sur la stabilité
des immeubles ; elles se sont élevées ainsi à une hau-
teur que l'humanité n'avait point encore atteinte.

« Malheureusement les légistes, égarés par les traditions du Midi, sont venus compromettre ces résul-
.ats par trois manœuvres funestes : en codifiant les
coutumes et en leur enlevant par là l'élasticité qui est
leur principal mérite ; en les affaiblissant par l'impor-
tation des lois de la décadence romaine ; enfin, en
France surtout, en les détruisant par des lois révolutionnaires, formellement hostiles à l'indépendance des
familles. Par contre, beaucoup d'autres peuples mieux
avisés continuent à prospérer à la faveur des bonnes
coutumes du Nord [1]. »

*
* *

Je sais que le nouveau système a la prétention
d'avoir fait et de maintenir l'unité de la France,
l'unité de la patrie. L'unité est-elle donc l'uniformité ? Non ; la diversité n'empêche pas l'unité. Le
Provençal qui mange de l'ail n'est pas moins bon
français que le Normand qui prépare ses aliments
au beurre. Pourquoi serait-il moins attaché à la
patrie commune, si la loi respectait ses usages, ses
habitudes, ses traditions, comme elle respecterait

1. *La Réforme sociale*, t. I, ch. XVIII, p. 255-256.

les usages, les habitudes, les traditions du Normand.

« Les droits de l'Etat, dit M. Jules Simon, naissent uniquement de la nécessité sociale et doivent être strictement mesurés sur cette nécessité, de telle sorte qu'à mesure que cette nécessité diminue par le progrès de la civilisation, le devoir de l'État est de diminuer sa propre action, et de laisser plus de place à la liberté [1]. »

Or, en voyant les droits que l'État s'attribue et dans lesquels il étend de plus en plus les limites, les liens dont il resserre chaque jour davantage la liberté, la concentration excessive du pouvoir, un dilemme s'impose : Ou l'État ne remplit pas son devoir, qui est de laisser plus de place à la liberté ; ou l'État juge que la civilisation est loin de progresser et qu'il doit augmenter son action. — Peut-être, en effet, la civilisation rebrousse-t-elle chemin, mais parce que l'État lui barre la route et la détourne de sa voie.

Nous ne comprenons point le despotisme. Qu'il soit monarchique ou démocratique, nous le réprouvons également. La forme qu'il prend ne le légitime pas et ne l'explique pas. Nous savons cependant que le pouvoir a son ivresse et l'on conçoit l'erreur des hommes qui croient ne pouvoir s'y maintenir que par la force ; et cette force, qui leur paraît indispensable, ils veulent la posséder, l'aug-

1. *La Liberté*, I, 4.

menter, la tenir entre leurs mains. Ce que l'on ne
comprend plus, c'est l'intervention de l'État dans
les choses qui lui sont indifférentes, qui ne nuisent
en rien à son prestige, qui n'apportent aucun
accroissement à sa puissance.

« En commerce et en agriculture, le gouvernement
n'a point à faire et à mener ; c'est une espèce de cantonnier qui a la police et l'entretien de la grande route
et qui doit la rendre bien libre, bien dégagée et bien
roulante, pour que toutes les voitures du public puissent la parcourir dans tous les sens, nuit et jour, sans
encombrement et sans obstacle [1]. »

L'étrange cantonnier que nous avons là ! Il nous
impose la route à suivre, fût-elle mauvaise, dût-
elle nous écarter du but de notre voyage. N'aurait-
il pas, à quelque carrefour, dressé une embuscade
où il nous attend, l'escopette au poing, pour nous
détrousser? « Nulle part, chez les modernes comme
« en France, dit Le Play, le législateur n'a autant
« assujetti la vie privée à ce qu'il a considéré comme
« l'intérêt de l'État. » Toujours, partout, le jour,
la nuit, à la ville, à la campagne, l'intervention de
l'État dans notre existence. Il lui faut bon gré mal
gré affirmer ses droits sur nous. Tel le caporal
dans son escouade sacre et blasphème et distribue
les punitions pour bien faire sentir qu'il est le caporal. — Il est vrai qu'il y a l'embuscade où il

1. Timon, *Livre des orateurs*, art. *Cunin-Gridaine.*

faut donner la bourse. C'est une raison. La cantine est aussi la vraie raison du caporal.

Mais est-ce là, nous ne cesserons de le demander, la liberté, la justice ? Est-ce ainsi que l'on favorise le travail ?

.˙.

Nous avons le malheur de posséder non seulement les lois contenues dans le Code civil, mais beaucoup d'autres encore. Quinze cent mille, c'est un chiffre qui compte, surtout en fait de lois ! Il semblerait que celles, du moins, qui sont plus spécialement destinées à protéger la société, celles qui répriment les délits et les crimes, les lois pénales, sont conformes à l'équité. Pouvons-nous le dire ? Hélas ! non.

Pires encore que les lois civiles, elles sont révoltantes d'arbitraire, d'injustice, de cruauté, de barbarie. Loin de protéger la société, elles la détruisent. Elles deviennent l'école du vice, la source du crime. Ce sont elles qui font pulluler les malfaiteurs et les scélérats.

On se bornera ici à une seule observation. Elle suffira à montrer le vice des lois pénales. Le simple bon sens nous dit que tous ceux qui ont commis des délits ou même des actes criminels ne peuvent être rangés dans la même catégorie. Il y a les malfaiteurs d'habitude, de profession, ceux qui vivent du vol, qui ne reculent devant aucun moyen, même l'assassinat, pour satisfaire leurs instincts mauvais. Ceux-là sont dignes de peu d'intérêt, et l'on vous les abandonnerait volontiers, si vous vous contentiez, en les condamnant, de débarrasser la société d'êtres nuisibles, et si vous respectiez à leur égard la justice, qui doit toujours être respectée, même envers les pires scélérats. Il y a aussi les criminels et les délinquants d'occasion. Il y a l'honnête homme qui, un jour, a été aveuglé par la passion, que les circonstances ont presque invinciblement entraîné. Avant que la loi l'eût saisi dans ses serres impitoyables pour le mettre en pièces, le remords lui avait déjà fait expier son crime. Celui-là est-il un danger pour la société ? Cependant vous le traitez comme l'être dénaturé qui a perdu tout sentiment d'honneur et de moralité ; vous l'envoyez côte à côte avec celui-ci dans vos bagnes et vos prisons ; vous ne reculez pas devant l'échafaud. Est-ce donc juste, cela ?

Et qu'arrive-t-il ? Vous le mettez au ban de la société, vous lui rendez le travail impossible, et, s'il n'a pas de fortune, vous l'empêchez de gagner sa vie. Car la société ne voit qu'une chose, la condamnation dont vous l'avez frappé. Ce n'est pas lui seulement que vous tuez, c'est sa femme, ce sont ses enfants, ce sont ses proches, qui cependant ne sont pas coupables, et que vous atteignez du même coup. Et vous appelez cela de la justice ?

O honte ! — Mais cet homme, vous le poussez dans le crime. Vous le forcez presque d'entrer dans la catégorie des malfaiteurs de profession. Que voulez-vous qu'il devienne, puisque c'est la seule place que vous lui laissez ? — Vous avez une loi contre la mendicité et le vagabondage. Le vagabondage et la mendicité sont-ils des crimes ? Non. Mais vous condamnez sans pitié le mendiant et le vagabond à la prison, et sous le poids de cette condamnation, ils se voient repousser de partout. Plus de travail possible pour eux ! plus de pain ! Ils volent et vous vous en étonnez. Mais c'est vous qui les faites, ces voleurs ! C'est vous qui êtes les coupables et qui commettez le crime social !

*
* *

La cause de toutes les aberrations, de toutes les erreurs, de tous les crimes sociaux, est la subordination en fait, sinon en droit, de la morale à la loi humaine. Pour nous servir d'une expression en vogue, on traite la morale, quand on ne la nie pas, comme une quantité négligeable. Regardez ce qui se passe autour de vous, ce que vous pouvez, de vos yeux, voir chaque jour.

« Beaucoup, malgré la certitude de l'ignorance où leur acte sera enseveli, seraient certes incapables de prendre un rouge liard, comme l'on dit, dans la poche

d'autrui. On peut leur confier sa bourse. Le dépôt sera
fidèlement rendu. Une discussion d'intérêt survient.
Une jalousie, une haine, une mauvaise passion — il
en est toujours quelqu'une prête à souffler un perfide
conseil — fait entendre sa voix. L'avocat et l'avoué
interviennent. On plaide. Ils ont l'oreille du tribunal,
et gagnent la plus mauvaise des causes. Et tel, dont
tout l'être se fût révolté à l'idée de commettre une
indélicatesse, dépouille sans scrupule voisins, amis,
parents. Il vit même dans la joie d'une fortune mal
acquise. C'est un vol cependant. Mais il est déguisé
dans des paperasses à la marque gouvernementale, et
la loi a prononcé. La légalité a tué chez cet homme le
sens moral. Le trouvez-vous bien ? — Ces faits sont
fréquents. On les voit se renouveler dans les contrats,
dans les partages de famille, dans les successions,
dans les affaires commerciales et industrielles, dans les
choses de tout genre où la loi intervient, la loi toujours,
la loi, la grande coupable. Le trouvez-vous donc bien,
cela, et pensez-vous que ce soit l'idéal du droit et de la
justice ? Pensez-vous, parce que la loi a parlé, que la
morale soit satisfaite ? Est-ce cette doctrine nouvelle
que vous voulez faire prévaloir et adopter par tous, la
doctrine de l'injustice, sanctionnée par la loi et appuyée
sur la force, comme souveraine maîtresse des âmes et
des consciences [1]. »

Et, d'autres fois, vous la verrez, cette loi, frap-
per les hommes coupables d'une action belle, noble,
généreuse peut-être, et on l'excusera par cette
infâme sottise : *dura lex, sed lex.*

1. *Revue du monde catholique*, « Loi et Conscience », par
M. Zablet, 1er février 1892.

✷
✦ ✦

Jusqu'ici on avait montré, au moins en théorie, une certaine pudeur. On disait encore que la loi doit être subordonnée à la morale, quitte à se rattraper largement dans la pratique. Même à l'École de Droit, l'audace avait des bornes : tout ce que l'on osait, c'était d'essayer, par une sophistique sournoise, d'accommoder les abominations légales à la morale, de faire plier celle-ci aux exigences de celles-là. Aujourd'hui, on ne s'arrête pas en si beau chemin. Un homme qui devrait être un des représentants les plus éminents de la morale, que sa religion oblige, comme nous, à mettre les droits de la conscience au-dessus de tout, qui parle au nom d'ancêtres morts la plupart dans les supplices pour avoir préféré la loi de Dieu aux lois humaines, les prophètes, les saints de l'Ancien Testament, cet homme, M. Zadoc-Kahn, le grand rabbin de France, disait l'an dernier : *Tout sentiment religieux ou personnel doit s'effacer devant les décisions de la justice civile* [1].

Il s'agissait, je le sais, d'un détail sans importance et je ne voudrais pas outrer la pensée de M. Zadoc-Kahn. Son intention a-t-elle été de formuler une théorie plaçant la morale au-dessous de la loi humaine? Je veux croire que non. Mais

1. Voir le *Rappel* du 29 novembre 1892.

alors ses paroles ont dépassé sa pensée, car elles
sont formelles ; il les fait même précéder de ces
mots : *En tous cas ;* ce qui signifie que, toujours
et partout, le sentiment religieux, c'est-à-dire le
sentiment moral par excellence, doit céder devant
la loi. Le *Rappel* ne s'y est pas trompé : il a eu soin
de souligner la phrase que nous rapportons.

Eh bien ! cette doctrine, nous la dénonçons
comme attentatoire à nos droits les plus sacrés.
C'est trop déjà qu'on la mette en pratique. Mais
nous savons qu'il faut compter avec les passions,
les défauts, les vices de l'humanité. Au nom de ce
que vous avez de plus cher, vous tous, chrétiens
ou juifs, croyants ou libres penseurs, ne permet-
tez pas que l'on fasse de l'abus la règle : c'est votre
liberté qui est en cause.

Que signifie, en effet, cette doctrine ? Que la loi
prime tout, domine tout, que nous lui devons une
obéissance passive et aveugle, nous ordonnât-elle
le vol et l'assassinat ; qu'elle est la souveraine maîtresse de nos actes, de nos pensées, de notre
volonté ; que la conscience n'est rien, le sentiment
du bien et du mal sans utilité. La proclamer, cette
doctrine, c'est vouloir conduire les hommes au
dernier degré de l'aberration intellectuelle et de la
dégradation morale ; c'est décréter que le crime
est la vertu, et la vertu le crime, au gré de la fantaisie du législateur.

Nous restons stupéfaits devant l'inconscience ou

le cynisme d'une déclaration aussi brutalement démoralisatrice. Après tout, peut-être M. Zadoc-Kahn n'entend-il parler que du sentiment religieux ou personnel de ses coreligionnaires. Auquel cas nous ne sommes pas obligés d'en faire plus grand cas que lui-même. Nous plaçons le nôtre plus haut.

*
* *

Le droit positif ne s'occupe que des actes extérieurs. Ce sont les seuls que la loi ait à apprécier. Ce qui veut dire que la loi ne s'occupe pas de la moralité des actions, qu'elle les juge à tort et à travers, à la seule lumière d'un texte écrit, le plus souvent aussi absurde qu'injuste. Elle ne peut faire autrement. On le sait. Mais c'est ce qui la condamne à abdiquer devant la morale.

Il faut des lois pour régler les rapports des hommes en société et les protéger. Il faut que la force, au besoin, en assure l'exécution. On n'y contredit point, et l'on ne pense pas contester la nécessité de certaines lois en voulant les subordonner à la morale, en préconisant celle-ci comme plus utile que le gendarme au progrès social. C'est la morale, et la morale chrétienne qui nous a civilisés, et cela, malgré les lois, malgré la force brutale.

Auguste Comte lui-même, le fondateur du positivisme, le philosophe qui voudrait ôter du monde l'idée de Dieu, le chef moderne de toutes les écoles matérialistes et athées, reconnaissant la supériorité de l'organisation sociale du système catholique au moyen âge [1], veut, à côté du pouvoir temporel, un pouvoir spirituel, indépendant et souverain dans son domaine, qui ait la direction morale [2]. C'est par lui que la politique atteindra un grand degré de sagesse, d'intelligence et de force, que les petits seront protégés et les puissants maîtrisés. Au point de vue international, il a une grande importance, parce qu'il unit entre elles les différentes nations. Pour la correction des coupables, on agira d'abord sur leur cœur, puis sur leur esprit. Dans les cas graves, il reste toujours les lois existantes, bien que la puissance matérielle doive de plus en plus céder au pouvoir spirituel et moral [3].

Mais il semble qu'un vertige étrange et redoutable s'empare des détenteurs de la force. Ils sont toujours disposés à en abuser, et vraiment l'on se demande pourquoi. Non seulement elle n'a jamais servi à rien, mais elle se retourne contre elle-même : tout ce qu'elle tente, elle le détruit sans tarder. Nous avons vu au commencement de ce

---

[1] *Cours de philosophie positive*, V, 326, 1re édition.
[2] *Cours de philosophie positive*, V, 331, 1re édition.
[3] *Catéchisme positiviste*, 264. — *Système de politique positive*, I, 272.

siècle le règne de la force, et de la force au service du plus étonnant génie, atteindre son apogée. Avec toute sa gloire militaire, ses victoires, ses conquêtes, ses trophées, sa légende, l'Empire se résume dans une bataille, Waterloo; et Waterloo se résume dans un mot, le mot de Cambronne, une expectoration soldatesque : merde! — Ainsi périront les empires nouveaux que l'histoire espérait n'avoir plus à mentionner, comptant leurs soldats par le nombre de leurs habitants, et établissant leur base sur la caserne! Ainsi périront les peuples qui n'ont d'autre règle sociale que le gendarme!

*
* *

Avec la morale, dont l'arme est la seule persuasion, on obtient tout. L'histoire de l'Église donne aussi à cet égard de curieux enseignements. En possession de la vérité morale dans son expression la plus haute, elle a, à son origine, conquis le monde au milieu des persécutions. Plus tard, elle eut la force matérielle, et trop souvent s'en servit, croyant ainsi ajouter au poids de sa doctrine. Que de maux cette conduite ne lui a-t-elle pas causés? Que d'adeptes elle a perdus? Que d'enfants qui eussent dû naître dans son sein n'ont jamais fait partie de sa communion? On se souvient de ces choses; aujourd'hui encore on les critique, on ne les pardonne pas. La puissance matérielle lui a de nos jours échappé. Malgré les persécutions, est-elle moins vivace? Son autorité est-elle moins forte? N'assistons-nous pas à une renaissance catholique, brillante et pleine de clartés? Si elle a tant d'ennemis acharnés, c'est que l'on sait qu'il faut et qu'il faudra toujours compter avec elle. Aujourd'hui, c'est moins la naissance que la conviction qui fait les catholiques. S'enrôle qui veut sous la bannière du Christ. Plus de pression, ni de famille, ni de gouvernement, ni même d'éducation. On est libre d'être chrétien ou non, de pratiquer le culte ou de s'abstenir. Il y a plutôt un certain courage à professer sa croyance. En nous comptant, nous verrons notre nombre diminué peut-être. Mais le nombre ne fait pas la force. Ce sont les indifférents et les hypocrites qui ont disparu des rangs. Ceux qui restent sont les soldats de Gédéon, ayant bu sans plier le genou, assez vaillants pour marcher au combat et remporter la victoire. Dieu est avec nous; et si nos maîtres, ces prétendus républicains, le chassent de la société pour nous priver plus aisément de liberté, ils ne le chasseront pas de nos cœurs. Le dernier mot, d'ailleurs, n'est pas dit.

∗
∗ ∗

On ne fonde rien sur la force qui est inefficace.

Il faut en réduire l'emploi au strict minimum.
Croyez-vous qu'elle soit aussi nécessaire qu'on le
dit? Croyez-vous que nous ne pourrions pas vivre
en parfaite sécurité au sein même de la société,
sans tout cet appareil dont plus tard nos petits-
enfants ne sauront s'ils doivent rire à cause de
son absurdité, ou pleurer à cause de sa barbarie.
Mais il faudrait pour cela avoir une conception
vraie de la société. Il faudrait que l'État ne fût
que le lien qui unit entre eux les familles, les
groupes, et qu'au lieu de la concentration qui, sous
prétexte d'unité, nous opprime, les familles, les
groupes pussent jouir chez eux, en tout ce qui ne
concerne pas l'intérêt général, de l'initiative et de
la liberté les plus complètes. Judiciairement, aussi
bien qu'administrativement, une large décentralisation s'impose. Qui connaît mieux les intérêts
d'un groupe que le groupe lui-même? Et qui saura
mieux se protéger, qui appréciera mieux si tel ou
tel de ses membres, à l'occasion d'un délit ou
d'un crime, est dangereux pour la société? Ainsi
la force, quand il faudrait en user, serait mise au
service de l'équité, et non à celui de la richesse,
des influences, du pouvoir arbitraire.

Il faut réprimer le crime. Qu'est-ce qui est
crime, non au point de vue de la morale, mais à
celui de la loi? C'est ce que la loi juge gravement
nuisible à la société. Avec le régime actuel, la loi
déclare ne s'occuper que de l'extériorité de nos

actions et non de leur moralité. Et cette déclaration de principe faite, tout individu qui tombe
sous le coup de la loi est déclaré coupable. On le
frappe non seulement matériellement, mais encore
dans sa dignité, sa considération, son honneur,
c'est-à-dire qu'on déclare, contrairement à la loi et
à tout droit, que sa moralité est mauvaise.

Bückner a raison de dire qu'il n'y a pas de coupables pour la société. Pour ne pas partir des
mêmes principes, le matérialisme est ici d'accord
avec le spiritualisme le plus pur. La moralité
réside dans le sanctuaire intime de la conscience.
Les hommes n'ont pas le droit de la violer. Par
ses actes extérieurs un homme devient-il dangereux? La société peut se protéger, et elle ne le
peut que dans les limites strictement restreintes à
cette protection. C'est pour cela que la vengeance
lui est interdite, que les lois d'extradition, par
exemple, sont une atrocité, car elles dépassent le
but. Nous parlions de décentralisation. Qui donc
saura mieux le danger que fait courir un homme
à la société, des magistrats faisant métier de condamner sans rime ni raison, parcourant la France
du nord au midi au gré de l'avancement hiérarchique, et ne connaissant rien de leurs justi-
ciables, ou de ceux qui, ayant vécu avec cet
homme, connaissant ses mœurs, ses habitudes,
ses sentiments, peuvent se rendre compte des circonstances, savent s'il est malfaiteur d'habitude

ou d'occasion, s'il y a crainte qu'il ne retombe, ou si, au contraire, son action ne sera pas pour lui une leçon profitable. On a inventé le jury, je le sais. Les délits lui échappent; et, quant aux causes qui lui sont déférées, nos lois sont mal équilibrées pour son fonctionnement. Le jury est d'ailleurs à la discrétion de la Cour, et souvent, sans même qu'il s'en doute, décide selon les désirs de la Cour.

On voudrait une justice plus patriarcale, par conséquent plus humaine, caractère qui ne nuit en rien à une bonne justice. N'avons-nous pas réalisé dans ce sens des progrès sur les siècles passés? La société se trouve-t-elle plus mal de l'abolition de la torture? Pourquoi s'arrêter dans la voie de la civilisation, et ne pas nous débarrasser, au grand profit de tous, d'absurdités légales aussi inutiles que barbares?

*
* *

Presque tous les sociologues font porter leurs efforts plus particulièrement, les uns sur les lois politiques proprement dites, celles qui déterminent la constitution de l'État et les pouvoirs publics, les autres sur les lois économiques qui intéressent surtout le travail. J'ai rarement vu les réformateurs s'attaquer aux lois civiles, qui concernent le régime des personnes, de la famille et de la propriété. Cependant ce sont, au point de vue qui nous occupe, les plus importantes. L'attention devrait se porter, en second lieu, sur les lois pénales, puisque ce sont elles qui, trop arbitrairement et trop injustement, viennent sanctionner la tyrannie juridique.

Les lois politiques passent. Elles n'ont qu'un temps, et souvent elles durent l'espace d'un matin. Avec de bonnes lois civiles, nous aurons de bonnes lois économiques. Il n'est pas besoin de démontrer le lien qui unit celles-ci à celles-là. Mais ce sont celles-là, les lois civiles, qui constituent l'essence même de notre vie sociale et privée, qui font nos mœurs, qui établissent la famille sur des bases bonnes ou mauvaises, qui protègent nos intérêts ou les compromettent. Elles sont le nœud de la question, et toute réforme sociale dépend de leur réforme.

IV

LA MAGISTRATURE

La loi, la loi qui, au lieu de nous donner la liberté et la justice, nous prive de notre liberté légitime et de la justice qui nous est due, la loi, qui, au lieu de protéger le travail, met obstacle à l'exercice de notre activité, est le crime social. Il s'aggrave encore par la manière dont est faite l'application de la loi. Notre magistrature a soin qu'il n'y manque aucun des caractères qui peuvent le rendre aussi odieux et aussi néfaste que possible.

Quelles terribles accusation.. ne pourrait-on pas porter contre ces hommes — sont-ils bien des hommes, ceux qui ont renoncé à tout sentiment d'humanité? — contre ces hommes qui prononcent sur nos intérêts, même les plus sacrés, qui nous jugent, qui font métier de rendre la justice, comme ils disent, et dont toutes les sentences sont inspirées par la sottise, l'insuffisance, la passion, la haine, l'ambition, la cupidité, et souvent par d'autres mobiles plus odieux encore? Mais quelle plume serait assez éloquente pour les flétrir comme ils méritent d'être flétris? Juvénal lui-même resterait au-dessous de la tâche.

« Le juge, dit le Code civil, qui refusera de « juger sous prétexte du silence, de l'obscurité ou « de l'insuffisance de la loi pourra être poursuivi « comme coupable de déni de justice. » Ainsi, il faut que le magistrat juge, même quand il ne sait pas comment il doit juger. C'est le comble de l'immoralité. En présence de ce texte, je n'ai jamais compris qu'un homme eût le triste courage d'entrer dans la magistrature. Pour affronter cette alternative, ou de manquer au devoir auquel par serment l'on s'engage, ou de juger sans savoir ce que l'on fait, il faut être un monstre d'impudeur ou d'inconscience. Et pourtant il y en a, il y en a beaucoup, et l'on en trouverait davantage encore si l'on en voulait davantage.

L'acceptation, dès le début de la carrière, de cette situation, est pour le magistrat comme une espèce de sacrement impie et sacrilège qui le marque d'une tare indélébile! Il s'est engagé à commettre l'iniquité. Son châtiment sera de commettre l'iniquité, en quelque sorte malgré lui, jusqu'à son dernier souffle. On prétend qu'il la commettra encore au-delà de cette vie. Le prêtre est marqué du sceau divin pour l'éternité : *Tu es sacerdos in æternum.* Qu'il tremble, le juge, d'être marqué par Satan pour l'éternité !

*
* *

De ces bêtes malfaisantes il y a, dit-on, deux espèces, celles qui composent la magistrature debout et celles qui forment la magistrature assise. En réalité, ce sont deux variétés peu tranchées et aussi repoussantes l'une que l'autre d'une seule et même espèce, toujours à plat ventre devant plus fort qu'elle, mais ne cessant de dresser la tête et de mordre de ses crocs venimeux tout ce qui n'est pas de taille à l'écraser.

On pourrait essayer la peinture de quelques échantillons. Ce ne serait pas beau. Sur ces hideuses figures vous ne verrez briller ni un rayon d'intelligence ni le reflet d'un bon sentiment. Ce sont les rebuts des écoles qui viennent échouer dans ces boueux parages. Quand je commençai à réfléchir sur ces choses, je fus effrayé, en voyant l'opinion que j'exprime ici se formuler aussi nettement dans mon esprit. Je me refusais à l'évidence. Un vieil avocat, à qui je confiai mes perplexités, homme de talent et d'expérience, me répondit : « Vous êtes dans le vrai, mon cher ami. Mais pourquoi vous étonner ? Ce n'est ni parmi les hommes intelligents qui trouvent ailleurs, avec l'indépendance, l'emploi rémunérateur de leurs aptitudes, l'aisance et même la fortune, ni parmi les gens délicats, à qui répugne le rôle des justiciers paten-

tés, que se recrute la magistrature. Il faut bien la
prendre dans la catégorie des infériorités intellectuelles et morales. » — Hélas! l'homme qui me
tenait ce langage, pris lui-même, quelques années
plus tard, d'une ambition sénile, s'enrôlait dans
les rangs des infériorités intellectuelles et morales.
Pour obtenir un bout de ruban rouge, il se fit
magistrat, et parmi les plus mauvais fut le pire.

C'est le maréchal Soult, je crois, qui disait des
évêques choisis parmi les prêtres du caractère le
plus calme, le plus doux : « Ces n... de D...-là
n'ont pas plutôt reçu le Saint-Esprit qu'ils ont le
diable au corps ! » Le président de la République
est aussi puissant, dans un autre sens, que le Saint-
Esprit. Du jour au lendemain, par un simple décret,
d'un honnête homme il fait un... magistrat.

* *
*

Voici le procureur, ainsi nommé, parce que son
métier est de procurer des pensionnaires à toutes
les geôles, du gibier à toutes les potences. Il y en
a de généraux; il y en a qui aspirent à le devenir :
ils ne diffèrent que par l'abondance du galon. Que
fait donc celui-ci, absorbé dans une profonde méditation? Ne le devinez-vous pas? Il cherche quel
mal il peut faire, quelle infamie, au nom de la loi,
il va commettre. Il a trouvé. Voyez-le dans une
autre pose et un autre costume. Toqué et enju-

ponné, le bras vengeur déployé, il invoque toutes
les foudres, il les appelle sur la tête de sa victime. Entendez les accents de son éloquence —
ils sont tous éloquents, il faut voir de quelle façon !
— il n'est pas une sottise qu'il ne débite, pas une
vilenie qu'il n'invente, pas un mensonge qu'il ne
commette. De sa bouche, comme dans les contes de
fées, ne sortent que crapauds et vipères. Mais, dans
ce monde-là, les crapauds et les vipères sont roses
et perles.

Le procureur est souvent affligé de quelque
infirmité physique, ce qui envenime encore sa
haine contre la société : il a l'œil tors, *oculum
torvum*, ou le pied trop long, ou la lèvre rongée
par un mal douteux. Ce qu'il y a d'étonnant, cet
être trouve à se marier : il sera un triste époux, un
père sans entrailles, comme il est un mauvais
citoyen. Qu'importe ? il est des filles qui ont le
goût des monstruosités.

* *
*

Aux alentours de ce portrait, vous en apercevez
d'autres plus modestes, comme il convient. Les
traits sont moins accusés. Cependant ils ont déjà,
avec le premier, tous les caractères d'une ressemblance qui ne fera que s'accentuer : affaire d'un
peu de temps. C'est la tourbe des substituts qui
s'exercent sous l'œil du maître. Celui-ci, sans doute,

si l'affaire est bien vile et bien salissante, se la
réserve avec l'amour de certains animaux pour l'or-
dure. Mais il reste des bourbiers où ses valets font
leurs preuves ; et, quand ils ont montré leur savoir-
faire dans l'art de ruiner, d'emprisonner, d'envoyer
à l'échafaud leurs concitoyens, on les en récompense. Ainsi, quand la meute a forcé le cerf, on lui
donne la curée.

*
* *

Présidents, conseillers, juges rouges ou noirs,
la magistrature assise fait le digne pendant de la
magistrature debout. Irresponsables de leurs actes,
fussent-ils inconscients, idiots, gâteux, ils sont
plus dangereux encore. Ceux-là proposent, ceux-ci
disposent. Pour s'épargner toute peine, ils répondent le plus souvent : « Brigadier, vous avez
« raison. » Quand parfois ils se font des niches,
quand monsieur le procureur n'obtient pas ce qu'il
désire, c'est affaire entre eux. Peut-être, la veille,
madame *la Procureuse* a-t-elle souri en voyant le
chapeau neuf de madame la Présidente. Mais ne
croyez point que ce dissentiment soit au profit de
la justice ou du justiciable.

Les audiences sont leurs heures de sieste. L'huissier, à un moment, pour les réveiller, donne un
coup de voix d'un ton particulier. Ils s'ébrouent
alors légèrement, et le président, dans son demi-
sommeil, ânonne quelques phrases qui ruinent,

qui déshonorent, qui emprisonnent, qui portent le
deuil et la désolation au sein des familles. Ils ne se
réveillent guère que dans les causes grasses et pimen-
tées. Leurs sens blasés y trouvent un aphrodisiaque
doux et puissant dont ils se délectent. C'est pour
eux, mais plus suave, plus tentante, la liqueur de
Brown-Séquard. Prenez garde que leurs yeux ne
tombent sur votre femme jeune et jolie. Si elle est
honnête, si elle leur résiste, si même elle ne se
laisse pas fasciner par leur brutal et impudique
regard, vous êtes perdu.

Dans ma jeunesse, je fus chargé un jour d'attirer l'attention bienveillante de l'un d'eux sur le
cas d'un malheureux paysan qui, égaré dans les
rues de Paris et pris d'un besoin pressant, se
cacha trop peu. Il se croyait encore, sans doute, au
milieu des champs, derrière la haie de son clos.
Mais il faut être pudique. La justice le poursuivit.
Mon magistrat fit venir le dossier, y jeta les yeux
et m'expliqua toute la gravité de l'affaire avec des
détails si obscènes, des expressions si crues, des
commentaires si audacieux et si étonnants, que
j'en rougis encore, aujourd'hui que mes cheveux
sont tombés et que ma barbe a blanchi comme la
neige. Il ne me fit grâce ni du bouton oublié, ni
du geste supposé, ni des nudités qu'il voyait en
imagination, et qu'il étalait avec un cynisme révoltant. Ce fut un vrai cours de pornographie. Si
j'avais eu des dispositions, la leçon était complète.

*
* *

« Dans tous les temps, dit Lamartine, les plus
« grands crimes ont été commis au nom des lois. »
Qui fait parler les lois, si ce ne sont les magistrats ? Ce sont eux qui ont condamné Socrate,
le plus sage des Grecs ; le Christ, sauveur des
hommes ; Jeanne d'Arc, la sainte héroïne, l'ange
de la patrie.

Qui sont-ils donc pour oser condamner et Jeanne
d'Arc, et Socrate, et le Christ ?

Je n'ose le dire. Mais tous vous avez la réponse
sur les lèvres.

*
* *

« Gens de bien, Dieu vous doint de leans bien tost en
saulveté sortir : considerez bien le minois de ces vail-
lans piliers, arboutans de justice grippeminaudiere.
Et notez que si vivez encore six olympiades et l'aage
de deux chiens, vous verrez ces chats fourrés seigneurs
de toute l'Europe, et possesseurs pacifiques de tout le
bien et domaine qui est en icelle, si en leurs hoirs,
par divine punition, soubdain ne deperissait le bien et
revenu par eux injustement acquis ; tenez le d'un
gueux de bien. Parmi eux règne la sexte essence,
moyennant laquelle ils grippent tout, dévorent tout,
et conchient tout. Ils bruslent, escartelent, décapitent,
meurdrissent, emprisonnent, ruinent et minent tout,
sans discrétion de bien ou de mal. Car parmi eux vice
est vertu appelé ; meschanceté est bonté surnommée ;
trahison a nom feaulté ; larrecin est dit liberalité ; pil-

Icrie est leur devise, et par eux faicte est trouvée
bonne de tous humains, exceptez moy les heretiques ;
et le tout font avec souveraine et irrefragable autorité.
Pour signe de mon pronostic, adviserez que leans sont
les mangeoires au dessus des rateliers. De ce quelque
jour vous souvienne. Et si jamais peste au monde,
famine, ou guerre, vorages, cateclismes, conflagra-
tions, malheur adviennent, ne les attribuez ne les refe-
rez aux conjonctions des planettes malefiques, aux
abus de la cour romaine, aux tyrannies des roys et
princes terriens, à l'imposture des caphars, heretiques,
faux prophetes, à la malignité des usuriers, faux
monnayeurs, rogneurs de testons, ne à l'ignorance,
impudence, imprudence des medecins, chirurgiens,
apothycaires, ny à la perversité des femmes adulteres,
venefiques, infanticides : attribuez le tout à l'enorme,
indicible, incroyable, inestimable meschanceté, laquelle
est continuellement forgée et exercée en l'officine des
chats fourrés, et n'est au monde cogneue, non plus
que la cabale des Juifs : pourtant n'est-elle détestée,
corrigée et punie, comme serait de raison. Mais si elle
est quelque jour mise en évidence, et manifestée au
peuple, il n'est, et ne fust orateur tant éloquent, qui
par son art le retint, ne loy tant rigoureuse et draco-
nique qui par crainte de peine le gardast ; ne magistrat tant puissant, qui par force l'empeschast de les
faire tous vifs là dedans leur rabouliere felonnement
brusler. Leurs enfants propres chats fourillons et
autres parens les auroient en horreur et abomination.
C'est pourquoy ainsi que Hannibal eut de son père
Amilcar, sous solennelle et religieuse adjuration, com-
mendement de persecuter les Romains tant qu'il
vivrait, aussi ay je de feu mon père injonction icy hors
demeurer, attendant que là dedans tombe la fouldre du
ciel, et en cendre les réduise, comme aultres Titanes,

profanes et théomaches, puisque les humains tant et
tant sont des corps endurcis que le mal par iceux
advenu, advenant et à venir ne recordent, ne sentent,
ne prévoyent, ou le sentant n'osent et ne veulent ou ne
peuvent les exterminer [1]. »

* *
*

Isaïe, prophétisant la mort du Sauveur, dit :
« Il est mort dans les angoisses, ayant été con-
« damné par des juges [2]. » Cette phrase est admirable. Lisez-la bien, pesez-en tous les termes. *Il
est mort.* C'est, sans doute, une chose terrible que
le passage de la vie à l'éternité. Mais il y a des
morts plus douces et plus sereines que d'autres.
Fut-ce celle du Christ ? Non. Il est mort *dans les
angoisses.* Il a souffert moralement plus encore
que physiquement. Mais ce n'est pas tout : *ayant,*
ajoute le prophète, *été condamné.* La condamnation ajoute à l'horreur de la mort, c'est elle qui
provoque les angoisses inexprimables de l'instant
suprême ; et, condamné par qui, Dieu du ciel ! *par
des juges.* Oh ! ce *par des juges,* voilà le comble
de la douleur et de l'abomination ; voilà ce qui
rend cette mort la plus cruelle des morts. Mourir,
soit ! Mais mourir condamné *par des juges,* non,
mon Dieu ! c'est trop, c'est plus que mourir..

1. RABELAIS, *Pantagruel,* liv. V. ch. XI.
2. *Isaïe,* LIII, 8.

Oui, cette phrase est poignante, dans sa simplicité et sa tristesse, par le profond abîme d'iniquité qu'elle révèle.

*
* *

Notre physionomie reflète les sentiments de notre âme, ceux surtout qui sont permanents : les défauts et les vices, comme les qualités, s'impriment en elle, la façonnent, la forment, la caractérisent. Une figure franche, ouverte, dénote le brave et loyal soldat; à une fatuité radieuse et fanfaronne, vous reconnaissez le cabotin.

Il est des faces que vous avez rencontrées parfois au coin d'une rue, sur la promenade, au détour d'un sentier, et dont la vue, vous frappant subitement, inspirait à tout votre être une instinctive répulsion. Ainsi l'on s'écarte à l'aspect d'un reptile venimeux ou d'un insecte perfide et repoussant. Quels sentiments, en effet, peuvent nous révéler ces figures à la fois serviles et arrogantes, basses et hautaines, fausses, hypocrites, louches ? Même par les signes extérieurs de la toilette, dans cette ressemblance cherchée avec le visage des laquais, non de celui qui accepte la domesticité par besoin, mais de celui qui l'exploite par goût et comme un métier lucratif, on ne peut douter de leur vileté.

Quelquefois, en ouvrant un fruit, vous l'avez

trouvé gâté par une larve hideuse, et bien vite,
dégoûté, vous le jetiez loin de vous. Le magistrat
est la larve de la société : à son aspect, une comparaison, malgré moi, s'impose à ma pensée.

*
* *

Ah ! vous vous étonnez quand des crimes abo-
minables viennent vous effrayer, quand la dynamite éclate, renverse, détruit, tue tout au hasard.
Ces crimes qui épouvantent le monde, et que nous
voudrions prévenir — ce n'est pas sans raisons que
nous écrivons ces choses — pourquoi donc n'en
supprimez-vous pas la cause la plus ordinaire ?

Vous ne voulez pas voir les iniquités qui se
commettent chaque jour, au nom de la justice,
dans les tribunaux. Vous ne les ignorez point,
cependant. Elles vous sont assez souvent signa-
lées. Le peuple, malgré tout, croit encore à quelque
chose. Il suppose qu'avisés, vous rappellerez à leur
devoir ceux qui y manquent, couverts et protégés
par la loi. Mais non. Vous ne le voulez pas, et tout
leur est permis.

Si vous pouviez compter le nombre des victimes
un peu partout répandues, vous seriez effrayés.
Il en est qui souffrent en silence, cherchant plus
haut leur consolation et leur espérance. Mais
l'homme qui n'a pas enracinés dans le cœur les
sentiments d'une loi supérieure à votre loi, d'une

morale qui repousse la vengeance, eh ! oui, celui-là
se révolte et se venge comme il peut, atrocement,
bêtement, stupidement, sur n'importe quoi et n'importe qui. Elles arrivent à leur maturité les générations que vous avez privées de Dieu, pour lesquelles vos pédagogues ont inventé la doctrine de
la suprématie de la loi humaine, c'est-à-dire de la
force. Elles se servent de la force, puisque la dynamite la leur donne. Elles sont dans la logique de
leur éducation.

L'iniquité règne en souveraine maîtresse là où
l'on ne devrait trouver que l'équité, et c'est par le
crime que l'on répond aux atrocités légales. De
quoi vous étonnez-vous donc ? « Ce n'est pas un
« bourreau, a dit Jules Simon, qu'il faut donner à
« l'humanité pour la guérir, c'est une conscience. »
Et les juges, qui devraient être la conscience personnifiée de la société, ne sont que les pourvoyeurs
des geôles et de la guillotine, des artisans de
ruines imméritées, de chutes lamentables et révoltantes.

Mais cette cause encore voudrez-vous la voir ?
Je n'ose l'espérer. C'est peut-être nous, qui vous la
signalons et parce que nous vous la signalons, que
vous accuserez de doctrines subversives.

*
* *

Ma critique est trop générale et trop violente,

dites-vous. — Je réponds. Il y a des exceptions peut-être, et ne veux point les nier, si elles existent. J'en cherche une, une seule, depuis plus de vingt ans, sans l'avoir trouvée, et j'avoue que me rendrait bien heureux celui qui me la montrerait. J'ajoute que les exceptions restent des exceptions : pour la généralité des magistrats, ma satire les atteint. C'est assez pour la justifier.

J'aurais pu en adoucir les traits. Aurais-je atteint mon but ? Ce que j'écris, c'est ce que chacun pense, ce que chacun dit. Mais personne n'ose attacher le grelot, j'essaie de le faire. Je ne suis point sorti de l'exacte vérité. Boileau a dit :

« J'appelle un chat un chat, et Rollet un fripon. »

Littérairement, je suis le précepte. A un autre point de vue, je ne me crois pas obligé d'adoucir mon mépris pour l'iniquité personnifiée. J'ai dit déjà le cynisme du magistrat. Il le porte jusque dans son jugement sur lui-même.

Je me trouvais, il y a quelques années, placé à table, dans un dîner, à côté de l'un d'eux, parvenu, dès cette époque, aux emplois les plus élevés de son administration.

« ...L'occasion, l'herbe tendre, et, je pense,
Quelque diable aussi me poussant, »

je hasardai quelques timides observations. Mon voisin se mit à rire de ma naïveté : « Rendre la justice !

« Sommes-nous faits pour cela ? Appliquer la loi,
« on l'applique toujours, les textes en étant mul-
« tiples et contradictoires. D'ailleurs, nous avons
« l'appréciation des faits. Entre deux partis, nous
« prenons celui qu'il est de notre intérêt de prendre,
« c'est naturel. Chacun se pousse comme il peut,
« le tout est d'arriver. Je suis arrivé. Si j'étais resté
« en chemin, c'eût été tant pis pour moi. On arrive,
« dans la magistrature, comme ailleurs, en rendant
« des services à qui peut aider, en se faisant des
« amis utiles. C'est à chacun de se débrouiller. »

Je n'ai pas fait, de la magistrature, une critique
aussi sanglante que ce chef de la magistrature.

*
* *

Oh ! qui délivrera de ces gens la société dont
ils sont la plaie, la société qu'ils oppriment, qu'ils
ruinent, qu'ils démoralisent, qu'ils tuent ? Avec
eux la loi ne sera jamais juste, ou, si elle le
devient, ils la fausseront, l'interpréteront, lui
feront dire ce qu'ils veulent qu'elle dise. Avec
eux, nous serons toujours les victimes offertes à
leur cupidité, à leur ambition, à leur haine, à
leur libertinage. Behanzin, au Dahomey, fêtait
les grands jours de son règne par des hécatombes
de victimes humaines. Chaque jour est fête, chez
nous, pour le juge, et chaque jour il sacrifie à
son plaisir les intérêts, la liberté, l'honneur et

quelquefois la vie des malheureux tombés, dans
le piège, sous sa patte. Qui, de ces gens, nous
délivrera? « Ils méritent, disais-je à un ami,
« d'être pendus haut et court. » — « Oui, me
« répondit-il. Malheureusement, si court que ce
« soit, ils ne valent pas la corde. »

Qu'ils soient sans inquiétude! Nous parlions au
figuré. Je me hâte de le dire, car, à leurs autres
qualités ils joignent tant d'esprit qu'ils m'accuse-
raient peut-être de projets homicides. Non, ils n'en
valent pas la peine. Au figuré toujours, ils ne
valent pas la corde.

V

LA PROPRIÉTÉ

« L'homme, dit saint Thomas, parce qu'il est
« un être immuable, et que sa raison fait de lui une
« image de Dieu, a, sur toutes les autres créatures,
« un domaine naturel [1]. »

Cette raison philosophique s'appuie, pour nous,
sur des titres positifs. Aux premiers jours de la création, Dieu a dit à l'homme : « Croissez et multipliez-
« vous, remplissez la terre, soumettez-la, dominez
« sur les poissons de la mer, les oiseaux du ciel, et
« tous les animaux qui se meuvent sur la terre. »
Et encore : « Je vous ai donné toute herbe portant
« semence, et tous les arbres qui ont eux-mêmes la
« semence de leur espèce, afin qu'ils vous servent
« de nourriture [2]. » Plus tard, s'adressant à Noé et
à ses fils : « Croissez et multipliez-vous, dit-il, et
« remplissez la terre. Tout ce qui se meut et vit
« vous servira de nourriture. Croissez, multipliez-

1. *Summa theol.*, 2a 2æ, q. 66, a. 1.
2. *Genèse*, I, 28, 30.

« vous, répandez-vous sur la terre et remplis-
sez-la [1]. »

Toutes les choses extérieures, et particulièrement
la terre, appartiennent donc de droit naturel à
l'humanité et à chaque membre de l'humanité.
Mais ce domaine demeurera-t-il à l'état confus et
indéterminé? Les hommes en jouiront-ils en
commun? Ou bien en feront-ils entre eux un partage et une appropriation individuels? Ce sont là,
on le sait, de grosses questions. Disons d'abord
notre opinion. Nos observations viendront ensuite
la confirmer. Le communisme, sous quelque forme
qu'il se présente, le plus mitigé comme le plus
radical, n'a aucun charme pour nous.

« Jurisconsultes et économistes, dit le P. Liberatore,
paraissent être en désaccord quand il s'agit d'établir
le fait primordial qui détermine pratiquement le droit
de propriété. Les jurisconsultes tiennent pour l'occupation d'un lieu encore *nullius;* les économistes tiennent pour le travail. Au fond le dissentiment n'est
qu'apparent. Les partisans de l'occupation reconnaissent qu'elle a pour fin l'élaboration, la transformation
de la matière saisie par l'occupant, de telle sorte
qu'elle puisse lui procurer une utilité. Ceux, au contraire, qui préconisent le travail, sont loin de nier que
son premier acte consiste à saisir une chose qui n'appartient encore à personne, sinon la matière sur laquelle peut s'exercer le travail fait défaut [2]. »

D'une manière comme de l'autre, la propriété

1. *Genèse*, IX, 1-7.
2. LIBERATORE, *Ethica.*

est donc intimement liée au travail. Elle en est
l'instrument. Elle en est aussi le résultat. Les
socialistes ne l'envisagent guère, surtout de nos
jours, que comme instrument. Ceux qui la détiennent
soit par héritage, soit par conquête légitime ou non,
soit comme conséquence de leur labeur, de leurs
privations, de leurs économies, ne veulent plus la
voir que comme résultat. De là, les dissidences et
les variétés d'appréciation.

*
* *

Le pape Léon XIII, dans son encyclique *Rerum
novarum* du 15 mai 1891, défend avec autorité et
énergie le droit de propriété :

« La propriété privée est pleinement conforme à la
nature. La terre, sans doute, fournit à l'homme avec
abondance les choses nécessaires à la conservation de
sa vie et plus encore à son perfectionnement, mais elle
ne le pourrait d'elle-même sans la culture et les soins
de l'homme.

« Or, celui-ci, que fait-il, en consumant les ressources de son esprit et les forces de son corps pour se
procurer ces biens de la nature ? Il s'applique, pour
ainsi dire à lui-même la portion de la nature corpo-
relle qu'il cultive, et y laisse comme une certaine em-
preinte de sa personne, au point qu'en toute justice ce
bien sera possédé dorénavant comme sien, et qu'il ne
sera licite à personne de violer son droit en n'importe
quelle manière.

« La force de ces raisonnements est d'une évidence
telle qu'il est permis de s'étonner comment certains

tenants d'opinions surannées peuvent encore y contredire, en accordant sans doute à l'homme privé l'usage
du sol et les fruits des champs, mais en lui refusant
de posséder en qualité de propriétaire ce sol où il a
bâti, cette portion de terre qu'il a cultivée. Ils ne voient
donc pas qu'ils dépouillent par là cet homme du fruit
de son labeur, car enfin ce champ remué avec art par
la main du cultivateur a changé complètement de
nature : il était sauvage, le voilà défriché ; d'infécond
il est devenu fertile ; ce qui l'a rendu meilleur est inhé-
rent au sol et se confond tellement avec lui qu'il serait
en grande partie impossible de l'en séparer. Or, la
justice tolérerait-elle qu'un étranger vînt alors s'attribuer cette terre arrosée des sueurs de celui qui l'a
cultivée ? De même que l'effet suit la cause, ainsi est-il
juste que le fruit du travail soit au travailleur. C'est
donc avec raison que l'universalité du genre humain,
sans s'émouvoir des opinions contraires d'un petit
groupe, reconnaît, en considérant attentivement la
nature, que dans ses lois réside le premier fondement
de la répartition des biens et des propriétés privées ;
c'est avec raison que la coutume de tous les siècles a
sanctionné une situation si conforme à la nature de
l'homme et à la vie calme et paisible des sociétés. — De
leur côté, les lois civiles, qui tirent leur valeur, quand
elles sont justes, de la loi naturelle, confirment ce même
droit et le protègent par la force. — Enfin, l'autorité
des lois divines vient y apposer son sceau, en défen-
dant, sous une peine très grave, jusqu'au désir même
du bien d'autrui. *Tu ne convoiteras pas la femme de ton
prochain, ni sa maison, ni son champ, ni sa servante,
ni son bœuf, ni son âne, ni rien de ce qui est à lui* [1]. »

Notre adhésion à ces paroles est complète.

1. *Deut.*, V, 21.

Léon XIII considère surtout la propriété comme le résultat du travail, et c'est le fruit de nos sueurs qu'il défend contre les tentatives de spoliation. Mais la propriété, ai-je dit, est aussi l'instrument du travail. Est-il nécessaire, à ce point de vue, qu'elle soit, comme le demandent les socialistes, ou commune ou collective? On ne le croit pas. La propriété privée et individuelle est sacrée devant la saine philosophie comme devant la religion. Mais qu'est-ce que la propriété? Est-elle le vol? Non. Et Léon XIII a-t-il entendu prendre la défense du vol sous le nom de propriété? Non.

Le point précis de la question réside, il nous semble, dans cette distinction entre la propriété vraie et légitime, et ce qui n'est, sous le nom usurpé de propriété, que le vol.

*
* *

Le travail crée la propriété, et cette propriété est légitime. Mais la spoliation aussi crée la propriété, et celle-ci nous ne la reconnaissons pas. La propriété à son tour crée, développe, active, féconde le travail, et elle est utile et juste; mais elle paralyse aussi l'activité, détruit le travail, et elle est néfaste et inique.

La notion de propriété se compose donc d'éléments contradictoires que l'on ne s'efforce pas assez de démêler; et toute l'organisation sociale, toutes

les lois n'ont qu'un but, protéger, sans s'occuper
de son origine ou de ses effets, la propriété, la
propriété telle quelle, c'est-à-dire la richesse acquise
et possédée. C'est quelquefois, quand par hasard
cela se rencontre, la protection du travail ; mais
c'est surtout et plus souvent la protection du vol.

Un autre caractère encore vicie chez nous la
propriété, même celle d'origine légitime et de bon
aloi. Économistes, philosophes, législateurs, ne
cessent d'en démontrer les droits. Faut-il en accuser mon peu d'érudition ? J'avoue n'avoir trouvé
nulle part, dans la loi, l'indication de ses devoirs.
Cependant il n'y a pas de droits sans devoirs, et,
curieuse exception, tandis qu'en d'autres choses on
nous parle, crainte d'oubli, sans cesse de devoirs
et très peu de droits, ici on ne parle que de droits.
Nous ne prenons pas pour devoir le régime légal
de la propriété, régime qui n'est qu'une intervention de la loi souvent arbitraire, injuste et funeste,
et qui ne sort pas du domaine de la propriété elle-
même, n'indique pas les devoirs de ceux qui possèdent envers ceux qui ne possèdent pas.

Celui qui possède, surtout s'il possède beaucoup,
a tous les privilèges et tous les droits. A nous,
pauvres, sont réservés les charges et les devoirs.

Or, cette absence des devoirs en face de droits
très grands, est des plus nuisibles. Elle est une force
sans contrepoids contre le travail. Sans partir des
mêmes principes que Proudhon, et sans accuser

la Providence d'une injustice imputable aux hommes seuls, ne peut-on pas dire comme lui : « Que si le « bien général n'exige pas absolument l'égalité des « propriétés, du moins il implique une certaine res- « ponsabilité de la part du propriétaire, et, quand le « pauvre demande l'aumône, c'est le souverain qui « réclame sa dîme. D'où vient donc que le proprié- « taire est maître de ne rendre jamais compte, de « n'admettre qui que ce soit, et pour si peu que ce « soit, en partage[1] ? »

On ne veut pas le dépouiller, certes. Ce n'est pas la théorie que nous préconisons ici. On ne lui demande pas l'aumône avilissante et dégradante. On demande que la justice soit respectée par le riche aussi bien que par le pauvre, et que la propriété ne soit pas, dans la société, la chose funeste qu'elle est pour ceux qui ne possèdent pas.

* *

Il n'est pas un seul des besoins de l'homme qui ne serve à son exploitation éhontée par la pro- priété, par la richesse. Un exemple des plus révol- tants est le régime des loyers dans les grandes villes.

Faisons un peu d'arithmétique. N'étant pas pro- priétaire, je suis obligé, au sortir de la maison paternelle, quand je me marie, quand enfin le besoin s'en fait sentir, de louer un appartement.

1. *Contradictions économiques*, t. II, ch. XI.

Supposons-le d'un prix annuel de 1000 francs. Si je vis encore cinquante ans, c'est cinquante mille francs, une petite fortune, que j'ai déboursés pour me procurer un abri. Ces données, du reste, peuvent être tout autres sans rien changer au calcul.

Supposons, d'autre part, que le local occupé par moi représente un capital de 15,000 francs. En l'évaluant à ce chiffre relativement élevé, et en considérant que ce local fait partie d'un immeuble complet, sur l'ensemble duquel les charges se répartissent, on peut, tous frais d'impôts, d'entretien, de réparation déduits, attribuer au propriétaire un revenu d'au moins 5 0/0. Nous reportant aux tarifs du Crédit Foncier, l'amortissement du capital sera effectué au bout de soixante-quinze ans au plus, sans qu'il ait été rien retranché à l'intérêt normal de l'argent employé. Au taux actuel des loyers, on n'exagère pas en disant que cet amortissement se produit beaucoup plus tôt.

Ainsi, au bout d'un certain temps, le propriétaire se trouve n'avoir plus de capital employé, qui est amorti, qui est remboursé. Il conserve indéfiniment la valeur en maison de ce capital, et de plus continue à en toucher l'intérêt, et le taux d'un amortissement qui n'est plus à faire. Il n'y aurait rien de mieux, si le locataire ne faisait les frais de toute cette arithmétique. Il paie non seulement la location de l'objet dont il a la jouissance, il en paie le prix d'achat, continue d'en payer la

location après avoir payé l'objet, et continue à
payer l'objet lui-même. Il paie à perpétuité, et
paie ce qu'il ne doit pas.

Un autre emploi du capital, dira-t-on, eût donné
à perpétuité l'intérêt dont nous contestons ici la
justice. Que l'on trouve des placements à jet d'intérêts continus, il n'est pas besoin de se déranger
beaucoup pour cela. Mais de quoi vous plaignez-
vous quand vous y perdez le capital, puisque, par
ces intérêts, vous ruinez le commerçant, l'indus-
triel, le banquier chez qui vous l'avez porté ! Nous
contestons également la justice d'un intérêt sans
fin dans tous les placements. Ce raisonnement que
nous faisons n'est pas exclusif : il s'applique à
toutes les manières de disposer du capital. Nous
savons même qu'une somme prêtée à titre de service ne doit produire aucun intérêt. C'est, comme
disent les casuistes, le *mutuum*, qui n'en admet
pas la légitimité.

« L'on ne peut exiger, dit Balmès, un fruit de ce qui
ne le produit pas. — A bien regarder la chose, l'interdiction de l'usure est une loi qui a pour but d'empêcher
les riches de vivre aux dépens des pauvres, et ceux qui
ne travaillent pas d'exploiter ceux qui travaillent[1]. »

Où trouve-t-on cette exploitation plus largement
pratiquée que par les propriétaires de maisons de
rapport ?

1. *Curso de filosofía elemental, Etica*, p. 435, n° 192.

*
* *

Le propriétaire pourrait placer autrement son argent. Nous ne l'en empêchons pas. Nous lui reprochons même de ne pas le faire. Eh! quoi? toutes les maisons de rapport à Paris sont la propriété d'un petit nombre de rentiers, de sociétés financières, de compagnies d'assurances. Le moindre coin de terrain où l'on peut poser quatre moellons est accaparé par les capitalistes, car il y a là, dit-on — nous le croyons sans peine — un bon et solide placement. Et nous tous, ouvriers, employés, artistes, écrivains, pauvres diables sans fortune, nous sommes à la discrétion de ceux qui ont la fortune. Laissez-nous du moins la possibilité d'échapper à votre exaction. N'accaparez pas tout, à renfort d'argent. N'exagérez pas les prix par une concurrence dont nous payons les frais. Peut-être alors trouverai-je un jour une maisonnette en rapport avec le chiffre de mes économies. Mais comment lutter avec les millions que vous jetez dans les bâtisses? Non seulement le riche empêche le pauvre de pouvoir se loger; il veut le loger lui-même pour le dévaliser à son aise. Qui osera me contredire? A Paris, le locataire, comme autrefois l'esclave pour son maître, vit pour le propriétaire. Il est sa chose. C'est pour lui qu'il accomplit les longues et lourdes journées de labeur, qu'il économise, qu'il se prive du nécessaire ; pour lui qu'il s'ingénie, se tourmente, passe les nuits à des travaux ingrats et misérables, corrige des épreuves, copie des adresses ou encarte des boutons ; pour lui qu'il frappe à la porte des usuriers et porte ses hardes au Mont-de-Piété. Le maître, du moins, assurait à l'esclave le pain de chaque jour et lui permettait d'amasser un pécule. Le propriétaire est sans pitié : tout pour lui, rien pour vous. Que dis-je? Vos meubles, votre linge, vos habits, le portrait de votre mère et la poupée de votre enfant, l'assiette où vous mangez, le verre où vous buvez, la chaise sur laquelle vous vous asseyez et jusqu'au bidet de votre toilette, tout est l'objet de sa convoitise. Il est à l'affût : il guette la maladie, l'accident, le manque de travail qui, un jour, vous mettra en retard dans le paiement du terme. Alors, votre vautour, comme dit si justement le parisien dans son langage imagé, s'abat sur vous. Il se partage tout avec son huissier, et l'on vous met sur le pavé de la rue sans plus s'inquiéter de vous que d'un chien. J'ai vu un commissaire de police expulser une femme sans lui permettre de s'habiller et de se chausser. Elle s'est trouvée dehors grelottante, les pieds nus, sans un mouchoir à jeter sur ses épaules, en plein hiver, au mois de février 1892, devant la maison de la rue de Riche-lieu d'où on la chassait. Voulez-vous savoir le nu-méro?... Mais qu'est-il besoin d'insister? Le fait se

reproduit chaque jour cent fois dans Paris, et vous
le savez bien.

Tel est, Parisiens, le sort qui vous est fait. Et,
depuis cent ans, vous avez bouleversé et effrayé le
monde par quatre ou cinq grandes révolutions.
Qu'en avez-vous obtenu? Une muselière, le Code
civil, et le droit de coucher à la belle étoile. Entre
nous, n'en êtes-vous pas honteux?

*
* *

Il n'y a pas de droits sans devoirs. Je cherche
les devoirs du propriétaire, et ne les trouve pas.
Cependant il a tous les droits, le droit de nous
faire payer son immeuble, le droit de vivre de notre
substance, de nous mesurer l'air et la lumière, de
nous espionner, de nous vexer, de nous imposer
ses caprices, de savoir les lettres que nous recevons,
les journaux qu'on nous envoie, d'intervenir dans
nos relations, d'ouvrir ou de fermer notre porte à
qui lui convient, de nous expulser et de nous voler,
le tout sous la protection de la loi. Car, ne l'ignorez pas, lors même qu'il se mettrait en dehors de
la stricte légalité, il est une chose qui le fait considérer comme n'en étant pas sorti : sa qualité de
propriétaire, son prestige d'homme riche, son
argent. Jamais vous n'aurez raison contre lui. Il
possède une force que vous n'avez pas. Ce n'est
point une épée qu'il jette dans le plateau de la

balance, c'est quelque chose de beaucoup plus lourd et de plus puissant, c'est une bourse. Oh ! le respect de la loi pour la propriété ? la vénération du juge pour la richesse ! qui pourra jamais les décrire ?

Eh bien ? nous le disons nettement, la loi sur les loyers est barbare, le juge qui l'applique prévarique. La maxime *dura lex, sed lex* semble fort belle sans doute à ceux qui en profitent. Mais aucune loi ne prévaut contre l'équité. La loi doit être juste, et dans sa justice ne doit pas être dure. Elle est faite pour les hommes, non les hommes pour elle. Si elle doit tenir compte de tous les intérêts, c'est des intérêts du pauvre plus encore que de ceux du riche. Elle ne doit mettre personne à la discrétion d'autrui, et elle doit être humaine.

La liberté de chacun est limitée par les droits de tous. Où sont les droits du locataire ? La justice est pour tous. Où est la justice qu'on lui rend ? — « La liberté individuelle absolue, dit Balmès, est « impossible en quelque organisation sociale que « ce soit ; ceux qui affirment le contraire doivent « commencer par mettre en pièces le tout social, et « disperser ensuite les hommes au milieu des bois, « pour qu'ils vivent à la façon des bêtes fauves. » Il semble bien qu'il en soit ainsi avec l'excessive liberté des propriétaires, quand l'on voit dans Paris, la ville de lumière, le centre de la civilisation, le malheureux d'abord ruiné par l'exaction du loyer,

chassé ensuite de son gîte, comme l'animal faible
et timide est chassé de sa tanière par le carnassier
vorace !

*
* *

On a tenté, dans les centres manufacturiers et
dans les grandes villes, de soustraire les ouvriers
et les pauvres à cette inhumaine exploitation.
Tous les efforts ont échoué. Savez-vous pourquoi?
Par la faute de la loi.

M. Le Play rappelle, dans la *Réforme sociale*,
les cités ouvrières fondées, en 1853, à Mulhouse,
sous l'inspiration de M. Jean Dolfus. En 1864, la
Société avait bâti 630 maisons dont 560 sont vendues et 50 entièrement payées. Chaque maison
vaut de 2,650 à 3,300 francs. Elle est livrée à l'ac-
quéreur contre un premier versement de 300 à
400 francs, auquel s'ajoutent des versements régu-
liers de 18 à 25 francs par mois, pendant une
période de treize à quatorze ans. Malheureusement
le partage forcé est là, et les petits foyers de Mulhouse sont détruits par la loi et ses agents après
qu'ils ont prospéré par le travail et la vertu. Plusieurs maisons ont déjà été vendues par licitation
lors du décès de l'ouvrier-propriétaire; et les capitalistes qui les ont achetées les donnent maintenant
à loyer. Tous les efforts pour réagir ont échoué
devant les prescriptions tyranniques du Code civil

Ils ont du moins abouti à une conclusion désormais évidente : c'est que le régime imposé par la Révolution est absolument incompatible avec l'amélioration du sort des classes souffrantes.

*
* *

Chose étrange et curieuse ! Dans cette organisation du vol — il n'y a pas d'autre mot à employer, — le propriétaire, le voleur, est, à ses propres yeux et aux yeux de beaucoup de personnes, l'honnête homme ; le locataire qui est volé est le gredin.

« On ne peut assez s'étonner, dit Destutt de Tracy, que tous les hommes et particulièrement les agronomes, ne parlent des grands propriétaires de terres qu'avec un amour et un respect vraiment superstitieux ; qu'ils les regardent comme les colonnes de l'État, l'âme de la société, les pères nourriciers de l'agriculture, tandis que, le plus souvent, ils prodiguent l'horreur et le mépris aux prêteurs d'argent, qui font exactement le même métier qu'eux. Un gros bénéficier qui vient de louer sa ferme exorbitamment cher se croit un homme très habile et, qui plus est, très utile ; il n'a pas le moindre doute sur sa scrupuleuse probité, et il ne s'aperçoit pas qu'il fait exactement comme l'usurier le plus âpre, qu'il condamne sans hésitation et sans pitié. Peut-être même son fermier, qu'il ruine, ne voit pas cette parfaite similitude, tant les hommes sont dupes des mots [1]. »

Où cette observation, ici encore, trouverait-elle

1. *Elément d'idéologie*, t. IV.

une application plus exacte que chez les propriétaires des maisons de rapport?

.·.

C'est au nom du respect de la propriété que a loi permet et favorise le vol, et qu'elle laisse croire que le voleur est un honnête homme. Mais qu'est-ce donc que la propriété?

« Quand on dit les propriétaires, on entend presque toujours par ce mot, dit J. Droz, les possesseurs de terres. Cet abus de langage serait fort dangereux s'il disposait à croire qu'il y a des propriétés moins sacrées que la propriété territoriale. S'il existait une propriété qu'on dût respecter plus encore que les autres, ce serait celle des hommes qui ne possèdent que leurs bras et leur industrie. Gêner le travail, c'est lui ôter les moyens de vivre; un tel vol est un assassinat. »

Or, qu'est-ce qui gêne plus le travail qu'une propriété qui, établie dans un but d'exploitation, s'empare des fruits du travail, qui n'a de considération ni pour le chômage, ni pour la maladie, ni pour la misère, ni pour la faim, qui rejette impitoyablement celui qui, pendant de longues années, l'a fait prospérer, le dépouille, le met sur la paille, dans la rue, l'envoie aux carrières ou dans les dépôts des prisons?

J. Droz a raison: c'est plus qu'un vol, c'est un assassinat. Et nous nous laissons assassiner!

.·.

Nous venons de donner un exemple de ce qu'on

appelle la propriété. Il est, croyons-nous, suffisant
pour démontrer qu'il y a un abus de mot. Nous
pourrions encore, non sans utilité, tirer les conséquences qui résultent de cet ordre de choses. Il
engendre les industries usuraires et néfastes
autant qu'interlopes.

Sous prétexte de bienfaisance, on met le Mont-
de-Piété à la disposition du public gêné, et c'est
une nouvelle exploitation de la misère. Les sommes
prêtées sont dérisoires, si on les compare à la
valeur des gages. L'administration n'est même pas
maîtresse chez elle, étant, au point de vue de l'es-
timation, à la discrétion des commissaires, com-
manditaires déguisés ou complices rétribués de
tous les fripiers. Les intérêts encore sont trop élevés. Aussi, du Mont-de-Piété, le public est-il
obligé d'emprunter à 10 0/0 par mois, 120 0/0 par
an, chez les marchands de reconnaissances. Est-ce
là de la justice sociale? Est-ce là une conséquence
légitime de la propriété?

Mais le Mont-de-Piété et les marchands de
reconnaissances ne suffisent pas à tout. En peine
pour payer votre loyer, poursuivi par votre propriétaire, votre vautour, vous allez chez le consignataire. Vous lui confiez vos meubles qui valent
1,000 francs. Il vous en prête bien 100. Vous vous
réfugiez dans une chambre d'hôtel, où vous payez
beaucoup plus que dans vos meubles, comme l'on
dit. Mais il le faut bien : vous n'avez plus de lit.

Au bout de six mois, vous avez dépensé, en frais
d'hôtel borgne et de quoi payer votre propriétaire,
s'il eût voulu y mettre un peu de complaisance, et,
de plus, payé en frais de magasinage et d'intérêts
les 200 francs prêtés, ce qui double votre dette.
Le consignataire cependant vend votre misérable
mobilier et bien heureux êtes-vous de ne plus rien
lui devoir. Et vous êtes sur le pavé de la rue, ne
possédant plus rien, déclassé, montré au doigt,
sans le crédit d'un pain de quatre livres chez le
boulanger.

Encore une fois, la propriété qui a son origine
dans ces infamies, est-ce la propriété? Est-ce la
propriété sacrée, la propriété qui mérite notre
respect ?

∴

Comprise comme elle l'est par notre législation,
expliquée comme elle l'est par les économistes,
acceptée comme elle l'est par nos mœurs et nos
habitudes, la propriété, comme l'a dit Proudhon,
est, en fait et en droit, contradictoire. Quand il
ajoute que c'est pour cette raison même qu'elle est
quelque chose nous ne le suivons plus. Elle pourrait être quelque chose sans cette contradiction. Il
suffirait d'appeler les choses par leur nom. Mais il
faut bien en convenir, ce qu'on appelle chez nous
propriété est, en effet, contradictoire.

« La propriété est le droit d'occupation et en même temps le droit d'exclusion.

« La propriété est le prix du travail et la négation du travail.

« La propriété est le produit spontané de la société, et la dissolution de la société.

« La propriété est une institution de justice, et la propriété, c'est le vol [1]. »

Cela est évident, puisque la misère des uns provient de l'accroissement excessif de la richesse des autres ; que le travail est à la discrétion du capital qui l'exploite ; que la société souffre et se désagrège par l'abus d'une institution qui ne peut exister que dans l'organisation sociale et qui en sort naturellement ; puisque, enfin, dans l'état actuel des choses, ce qui devrait justement appartenir aux uns, en vertu du travail, appartient injustement à d'autres, en vertu d'une fausse organisation économique et de lois sociales qui font affluer la richesse, sans autre raison, entre les mains de ceux qui possèdent déjà la richesse.

On ne prétend pas — disons-le pour enlever l'excuse d'une sotte interprétation aux érudits de Marmande ou aux philosophes de Pontoise — que tous les propriétaires soient des voleurs. Il en est certes, et plus d'un, qui le sont. Nous les laissons à leur conscience, s'ils en ont une. Nous disons ici simplement que la propriété est le vol, quand elle

---

1. *Contradictions économiques*, t. II, ch. XI.

fonctionne comme instrument de spoliation. L'instrument donne le résultat et le résultat est l'instrument. C'est ainsi que s'explique l'exploitation de la pauvreté par la richesse, du travail par le capital. C'est ainsi que s'explique la misère.

*
* *

Ce ne sont pas seulement les socialistes qui s'élèvent, non contre la propriété, mais contre ses abus, contre la propriété telle qu'elle est établie, reconnue et sanctionnée par nos lois. Le Play indique nettement qu'elle est nuisible aux sociétés ou par une mauvaise organisation ou par la corruption des hommes, et qu'elle est, après la religion, le principal soutien de l'ordre social quand elle est répartie entre toutes les familles et que la classe dirigeante en fait un honorable usage. Il revient souvent sur cette idée. Il va plus loin : il voudrait la propriété pour tous :

« L'existence, dit-il, d'une classe nombreuse privée de toute propriété et vivant en quelque sorte dans un état de dénûment héréditaire, est un fait nouveau et accidentel [1]. »

« La Société, dit de son côté le P. Liberatore, ne peut en aucune façon souffrir qu'une partie de la population nage dans l'opulence et que l'autre languisse dans la misère [2]. »

1. *La Réforme sociale*, 1, p. 238.
2. *Ethica*, p. 211.

Et encore :

« Personne n'a le droit de revendiquer une étendue
de terrain telle que sa possession exclusive serait incompatible avec l'existence d'autrui. Il répugne manifestement à la raison que l'on s'approprie, au détriment d'autrui, ce qui ne nous est nullement utile, et ce
qui est nécessaire à la vie des autres. Ensuite cette
mesure du droit est prise de la fin même de l'occupation ; son but, c'est le travail nécessaire pour rendre
utile la chose occupée. Les forces de l'homme ont leurs
limites ; son droit d'occupation doit donc aussi avoir
les siennes. Si, en cette matière, il reste quelque indé-
termination, il n'y a là rien d'étonnant ; les points que,
dans le droit naturel, la raison seule est impuissante à
préciser suffisamment sont très nombreux. Cela prouve
que l'homme est naturellement fait pour la société ; la
raison pose quelques principes et elle laisse aux lois
sociales le soin d'en faire une application plus dé-
taillée [1]. »

Cette application ne peut évidemment être contraire au principe posé. Elle ne peut permettre
que *l'on s'approprie* — ce qui avec notre législation est la règle générale — *au détriment d'autrui
ce qui ne nous est nullement utile et ce qui est
nécessaire à la vie des autres.*

« A bien regarder la chose, Balmès nous l'a dit
« tout à l'heure, l'interdiction de l'usure est une loi
« qui a pour but d'empêcher les riches de vivre aux
« dépens des pauvres, et ceux qui ne travaillent pas

---

1. *Ethica*, p. 196-200.

« d'exploiter ceux qui travaillent[1]. » C'est-à-dire
qu'il ne veut pas que la propriété se forme par des
moyens illégitimes et qu'elle serve à la spoliation.

Qu'a dit Proudhon de plus que le Père Liberatore et Balmès ? Il a constaté que ce qu'ils con-
damnent, et supposent par conséquent pouvoir exister, existe réellement. Ils ont parlé en moralistes.
Proudhon s'est servi du jargon de la métaphysique
hégélienne.

Voilà bien des restrictions qui changent le caractère de ce qu'on appelle chez nous la propriété. Si
on la rapproche de ces règles, la trouvera-t-on
légitime ? Osera-t-on soutenir qu'elle n'est pas souvent le vol ? Et ce vol, est-ce à lui que s'applique le
respect qu'on nous recommande pour la propriété ?

*
* *

Même lorsqu'elle est légitime, est-elle donc sans
devoirs ? Ses droits sont-ils absolus et sans limites ?
Non. Citons encore :

« Sur l'usage des richesses, dit Léon XIII, voici
l'enseignement d'une excellence et d'une importance
extrême que la philosophie a pu ébaucher, mais qu'il
appartenait à l'Eglise de nous donner dans sa perfection
et de faire descendre de la connaissance à la pratique.
Le fondement de cette doctrine est dans la distinction
entre la juste possession des richesses et leur usage

1. *Curso de filosofia elemental, Etica*, p. 435, n° 192.

légitime. La propriété privée, nous l'avons vu plus haut, est pour l'homme de droit naturel [1] ; l'exercice de ce droit est chose non seulement permise, surtout à qui vit en société, mais encore absolument nécessaire. Maintenant si l'on demande en quoi il faut faire consister l'usage des biens, l'Eglise répond sans hésitation : Sous ce rapport, l'homme ne doit pas tenir les choses extérieures pour privées, mais bien pour communes, de telle sorte qu'il en fasse part facilement aux autres dans leurs nécessités. C'est pourquoi l'apôtre a dit : *Divitibus hujus sæculi præcipe facile tribuere, communicare* [2], — ordonne aux riches de ce siècle... de donner facilement, de communiquer leurs richesses [3]. »

Ce n'est pas là une simple recommandation, un conseil que l'on peut suivre ou dédaigner. C'est un précepte de justice. La philosophie catholique est formelle à cet égard.

« Quand nous donnons aux pauvres, dit saint Grégoire, ce qui leur est nécessaire, nous ne leur donnons pas tant ce qui est à nous que nous leur rendons ce qui est à eux ; et c'est un devoir de justice plutôt qu'une œuvre de miséricorde [4]. »

Mais écoutez saint Thomas :

« Il y a deux cas où l'on est obligé de donner l'aumône par un devoir de justice, *ex debito legali :* l'un quand les pauvres sont en danger ; l'autre quand nous

---

1. *Licitum est quod homo propria possideat. Et est etiam necessarium ad humanam vitam.* S. Thomas, 2a. 2æ, q. 66, art. 2.
2. S. A. Thomas, 2a. 2æ, q. 65, art. 2.
3. *Encyclique Rerum novarum,* 15 mai 1891.
4. *Regulæ pastoralis liber,* p. III, c. xci, adm. 22.

possédons le superflu [1]. — Jésus-Christ veut que
nous donnions aux pauvres, non seulement la dixième
partie, mais tout notre superflu [2]. »

« Ce qui est de droit humain ne saurait déroger à ce
qui est de droit naturel ou de droit divin. Or, suivant
l'ordre naturel établi par la divine Providence, les
choses inférieures corporelles sont destinées à subvenir
aux nécessités de l'homme. Et, de la sorte, la division
des biens et leur appropriation d'après le droit humain
ne peuvent faire obstacle à ce que l'on s'en serve pour
subvenir aux besoins de l'homme. Aussi le superflu
des uns revient de droit naturel, *ex naturali jure*, au
soutien des pauvres. « Ideo per rerum divisionem et
appropriationem ex jure humano procedentem, non
impeditur quin hominis necessitati, sit subveniendum
ex hujusmodi rebus. Et ideo res quas aliquis supera-
bundanter habent, ex naturali jure debentur pauperum
sustentationi. »

Ces paroles sont assez nettes. Cependant saint
Thomas précise encore en ajoutant :

« Mais, comme le nombre des nécessiteux est si grand,
et que chaque riche ne peut évidemment venir au
secours de tous. c'est à la liberté de chacun qu'est
laissé le soin d'administrer son propre bien, de manière à venir au secours des pauvres. S'il y a néan-
moins une nécessité tellement urgente qu'il soit évident
qu'on ne peut y subvenir qu'en s'emparant de ce qui
se présente sous la main, comme, par exemple, lorsqu'un homme est en danger de mort, et qu'on ne peut
autrement venir à son secours, il est permis à l'homme
de prendre du bien d'autrui ce qu'il en faut pour subve-

1. *Summa theol.*, 2a. 2æ, q. 118, a. 4.
2. *Summa theol.*, 2a. 2æ, q. 87, a. 1.

nir à une telle nécessité, qu'on le prenne manifestement ou en secret, peu importe ; il n'y a là ni rapine ni vol[1]. »

Cette doctrine semblera sans doute audacieuse à tous les harpagons et à leurs protecteurs patentés, messieurs les magistrats. Mais que nous importe leur opinion. La nôtre, conciliant la morale et l'humanité, est la vraie ; c'est celle-là que nous préconisons, et non celle du Code, qui n'est ni morale, ni humaine, ni vraie, ni juste.

*
* *

Comment saint Grégoire, saint Thomas, Balmès, le P. Liberatore, comprenaient-ils la propriété? Comment Léon XIII lui-même l'entend-il? Ils sont loin de partir des mêmes principes que Proudhon qui voudrait l'établir sur une justice sociale sans base aucune, puisqu'il rejette la base même de toute justice, ou ne l'admet, ce qui est la même chose, que comme une hypothèse, et par suite démolit, renverse, ruine la propriété. Les philosophes catholiques la veulent fonder sur la justice éternelle, immuable, indépendante des lois et des conventions humaines. Au fond, tous sont d'accord pour dire que la propriété n'est pas ou ne doit pas être cette chose immorale, cause de la misère humaine.

Si le droit de propriété se trouve limité par le besoin d'autrui, la nécessité sociale, qui est le be-

1. *Summa theol.*, 2a.2æ, q. 66, art. 7.

soin de tous, ne peut-elle pas lui imposer, avec plus de raison encore, les bornes qui l'empêcheront de devenir nuisible ? On ne peut en douter, et, en la ramenant ainsi à une conception juste et vraie, elle cessera d'être le vol, il ne sera plus nécessaire de chercher, dans une des formes du communisme, le remède à la misère. Il est tout trouvé : brûler le Code civil, l'Évangile des voleurs riches, et supprimer tous les oiseaux de proie qui en sont, par cupidité ou par ambition, les apôtres malfaisants.

VI

LA FAMILLE

« Avec la propriété, dit Proudhon, commence le rôle de la femme. Le ménage, cette chose tout idéale et que l'on s'efforce en vain de rendre ridicule, le ménage est le royaume de la femme, le monument de la famille. Otez le ménage, ôtez cette pierre du foyer, centre d'attraction des époux, il reste des couples, il n'y a plus de familles. Voyez, dans les grandes villes, les classes ouvrières tomber peu à peu, par l'inanité du mariage et le manque de propriété, dans le concubinage et la crapule ! Des êtres qui ne possèdent rien, qui ne tiennent à rien et vivent au jour le jour, ne se pouvant rien garantir, n'ont que faire de s'épouser encore : mieux vaut ne pas s'engager que de s'engager sur le néant. La classe ouvrière est donc vouée à l'infamie : c'est ce qu'exprimait au moyen âge le droit du seigneur, et chez les Romains l'interdiction du mariage aux prolétaires [1]. »

* *

Quel est le but du mariage? La satisfaction de

---

1. *Contradictions économiques*, t. II, ch. XI.

l'amour, la protection de la femme, la procréation des enfants avec le soin de les élever et de leur procurer, chacun dans sa sphère et selon ses moyens, une situation dans le monde. Tel est le but prochain du mariage. Il en est un autre plus éloigné, mais non moins important au point de vue social; le mariage, créant la famille, affermit et développe chez l'homme le sentiment du devoir, le lie à la patrie commune par des liens plus chers et plus sacrés, fait entrer plus profondément dans son cœur le souci de sa liberté et de ses intérêts, qui sont les intérêts et la liberté de ses enfants.

C'est de ce double but que devraient résulter les conditions du mariage. Nos lois les réalisent-elles? Favorisent-elles la création du ménage, ce *royaume de la femme*, ce *monument de la famille?* Posent-elles la *pierre du foyer*, *centre d'attraction des époux?* Et quand, malgré elles, la famille s'est formée, la protègent-elles? Viennent-elles en aide à son progrès et à son développement, à sa prospérité?

Il semblerait qu'avant de songer à la satisfaction de l'amour, l'homme fût libre de le satisfaire; qu'avant de pouvoir protéger la femme, il eût assez de liberté pour se protéger lui-même; et qu'enfin il fût assuré, en mettant au monde des enfants, que leur liberté et leurs intérêts ne subiront aucune atteinte; en un mot, que l'homme, futur créateur

de la famille, jouît des droits qu'il ne peut trans-
mettre s'il ne les possède déjà à titre individuel.
Les possède-t-il? Non. Chaque ligne de ce travail est la démonstration de ce déni de justice.

Le filet dans lequel notre liberté vient s'empêtrer est fort solidement tressé, et les mailles en
sont étroites ; tout est préparé, dès le début, avec
un art infernal. Que signifient les prescriptions relatives à l'état civil des personnes ? La main-mise
de l'État sur l'individu, dès son entrée dans la vie.
« L'État, disait le tribun Chabot, s'est constitué le
« gardien des premiers et des plus essentiels titres
« de l'homme. » Certes, en admettant la suite
du Code, ces premières prescriptions sont nécessaires; mais ce qui les rend nécessaires, c'est son
esprit, c'est son harmonie, ce sont tous ses textes.
La question se pose autrement: La législation ne
pourrait-elle pas être conçue de telle sorte que
notre état civil, notre situation personnelle et
sociale fût parfaitement établie, sans que la liberté
fût pour toujours compromise, sans que l'État fût
obligé d'être notre geôlier?

Nous avons la prétention de le croire.

* *
*

Arrivé à l'âge d'homme et mon cœur ayant
parlé, je choisis une compagne. Cependant, pour

que mon union soit légitime, que ma femme soit ma femme, qu'elle ait les droits d'épouse, que mes enfants ne soient pas rangés dans une catégorie inférieure et dégradante, que je puisse, après les avoir engendrés, leur laisser mon bien — et encore? — la loi doit consacrer mon mariage. Cela la regarde-t-il donc, et qu'a-t-elle à voir ici ?

Veut-elle que le mariage soit autre chose qu'un accouplement? A-t-elle pour but de le relever, de l'ennoblir, de l'épurer? — Mais la loi n'ajoute rien à la moralité. La loi la viole souvent ; elle ne la fait jamais. La morale a sa source plus haut, et la loi ne veut pas que le mariage aille y puiser son principe et sa sanction, puisqu'elle l'a laï-cisé. A ce point de vue, l'homme et la femme qui n'ont contracté qu'un mariage civil ne sont pas plus moraux que deux amants ; ils le sont moins peut-être : l'intérêt seul a pu les unir, et les amants, c'est l'amour qui les a jetés aux bras l'un de l'autre. Aussi bien, comprenons-nous les partisans de l'amour libre. Leur doctrine est logique : ils ne reconnaissent pas de principe supé-rieur à la loi humaine. Cette loi violant la liberté et la justice dans leurs sentiments, leurs affections, leurs penchants, leurs instincts, si vous voulez, ils réprouvent la loi. Le mariage est au-dessus de toutes les conventions humaines. C'est dans la religion qu'il va chercher sa règle. Mais, pour celui qui vit en dehors de toute foi, son droit, en amour, est d'agir à sa fantaisie. Il suffit du consentement réciproque de l'homme et de la femme qui s'unissent, pour toujours ou pour une heure, pour que l'homme et la femme soient dans leur droit entier et complet.

« Cette doctrine, nous dit-on, suppose que le mariage est un pur fait de la volonté individuelle ; or, il est encore et avant tout un fait social. Le mariage est intimement lié à la propriété, à la famille, aux successions, c'est-à-dire à tout l'ordre social privé ; il est lui-même la base de cet ordre social [1]. »

Ce n'est point le mariage, tel du moins que l'entend le Code civil, qui est la base de l'ordre social, c'est la famille ; et le mariage du Code détruit la famille, comme il ruine la propriété, comme il introduit l'arbitraire et l'iniquité dans les successions. Le point contesté n'est pas le mariage, mais la manière dont se forme la famille, les institutions qui la favorisent, qui lui permettent de se développer, de prospérer dans le travail et la vertu, pour qu'elle fasse notre bonheur d'abord, et qu'elle devienne ensuite le fondement d'un ordre social stable et bienfaisant.

L'on établit une forme de mariage, l'on s'ingénie à rédiger des lois qui y répondent, et l'on nous dit : Vous voyez bien que le mariage ne peut être

---

1. GLASSON, *Éléments de droit français*. t. I, liv. II, ch. II.

autre qu'il est, et que toutes nos lois le rendent
nécessaire. Eh! il fallait faire le mariage autrement, et les lois eussent été autres. On comprend
toutes les complications du Code avec les droits
et les devoirs des époux, les régimes de communauté, de dot, de séparation de biens, les
réserves, les quotités disponibles, les restrictions
au droit de tester, le partage forcé, avec l'incapacité civile de la femme mariée surtout. Mais
pourquoi avoir rendu tout cela nécessaire? Pourquoi cette incapacité? Oh! nous le savons, la
femme peut se marier sous le régime de la séparation de biens, et l'on nous dit : « Quand le mari
« a l'administration et la jouissance des biens de
« la femme, c'est en vertu du contrat de mariage,
« c'est-à-dire par la volonté de la femme et non de
« la loi [1]. » Ainsi, Mesdames, n'accusez que vous-
mêmes de votre incapacité légale. Mariez-vous, si
vous voulez l'éviter, sous le régime de la séparation
de biens, ou plutôt renoncez à devenir épouses et
mères, restez filles, car, tant que les hommes à
marier auront la faculté d'en choisir un autre, ce
régime sera l'exception. Si vous l'exigez, vous
risquez beaucoup de coiffer sainte Catherine. Dans
notre société, et de par le Code, on se marie, neuf
fois sur dix, pour la dot, et vous oseriez parler de
la séparation de biens par contrat de mariage!

1. GLASSON, *Éléments de droit français*, t. I, liv. II, ch. III.

*
* *

Dieu créa la femme de la côte de l'homme, et
quand celui-ci « l'aperçut à son réveil, il entonna
« ce cantique immortel : *Voici l'os de mes os et la*
« *chair de ma chair*. Et ces paroles qui retentirent
« alors sous les regards de Dieu comme un hymne
« d'inexprimable tendresse et d'indicible solennité,
« est en quelque sorte devenu, j'ose le dire, l'évan-
« gile terrestre des affections humaines [1] ». Nous
reconnaissons une haute et noble origine à l'amour.
Mais, quelles que soient les croyances à cet égard,
personne ne peut nier l'attrait qui porte les sexes
l'un vers l'autre : notre foi l'épure et le sanctifie.
« Par le mariage tel que Dieu l'a établi, la famille
« devient le temple sacré, un sanctuaire mysté-
« rieux et doux dont les cœurs unis forment l'au-
« tel... » et, « à la porte de ce temple, Dieu a
« établi un introducteur : l'amour. »

« Trop souvent, profanant un nom céleste, les hommes
ont appelé amour la passion, sentiment charnel, éphé-
mère. La passion peut rassembler les individus, les
familles, réunir les peuples, mais elle-même brise
ensuite le lien qu'elle avait formé. La base, ciment
de toute société, c'est la charité ; vous l'appellerez, si
vous voulez, la fraternité, pourvu qu'elle ait pour principe le Dieu immortel et immuable. Remplacez ce
principe, votre fraternité n'est plus qu'un mot, et

1. L'abbé VIDIEU, *Famille et divorce*, p. 34.

l'union se dissout avec l'intérêt satisfait, la vengeance
qui s'éteint, l'attrait naturel qui s'évanouit. L'amour
est un génie venu des cieux et qui doit y retourner ;
fille de la terre, la passion ne fait que ramper, tandis
que l'amour plane au-dessus d'elle. Descendu pour
consoler, pour réjouir l'homme, l'amour jaillit d'un
cœur dans un autre cœur, s'y développe, s'y fortifie,
s'y perpétue, et s'y réfléchit dans sa source comme les
rayons renvoyés par des miroirs ardents. L'amour,
c'est l'espérance ; il emporte sur ses ailes, par-delà les
mondes, au sein de l'éternelle félicité, qui ne veut
point ici-bas fixer sa demeure ; la passion vous attache
à la terre et n'a d'autre fin que le néant ; elle vous
séduit d'abord et puis vous désespère. L'amour, c'est
le soleil qui vivifie : il élève, il ennoblit et se perpétue ;
la passion, c'est un feu follet, un nuage, une onde qui
fuit, un papillon qui meurt en se reproduisant et ne
connaîtra point sa postérité, une flamme qui brûle et
dessèche, une chaleur malsaine qui corrompt [1]. »

Est-ce l'amour, est-ce même la passion qui est
encore une contrefaçon de l'amour, que le Code
met pour introducteur au seuil du temple ? Non.
C'est le notaire, le notaire qui rédige le contrat où
chacun stipule ses intérêts, où le mari discute le
chiffre de la dot, où la femme prend ses précau-
tions, où l'on cherche à se tromper mutuellement,
le contrat qui est un acte de défiance réciproque.
L'amour est aveugle, et de part et d'autre l'on ne
voit que la fortune. L'amour se sacrifie, et chacun
des époux demande à l'autre de faire le sacrifice.

1. L'abbé VIDIEU, *Famille et divorce*, p. 35.

* *
* *

Et comment le Code pourvoit-il à la protection de la femme, plus faible que l'homme à tous les points de vue, qui a besoin d'un cœur où épancher son cœur, d'un esprit pour soutenir son esprit, d'un bras pour appuyer sa défaillance ? En la faisant l'esclave de l'homme, en la frappant, lorsqu'elle croit trouver la sympathie, l'affection, l'amour, une âme sœur de son âme dont les joies seront ses joies, et les peines ses peines, lorsqu'elle se marie, d'incapacité civile, en la mettant sous la dépendance de son mari, en lui enlevant ses biens, ses droits, ses titres. Il la protège, dans le régime de séparation de biens, en introduisant un germe d'incessantes divisions au sein de la famille ; dans celui de communauté, en mettant son avoir à l'entière discrétion d'un mari peut-être joueur, débauché et prodigue ; dans celui de dotalité, en la laissant dans la gêne et la misère à côté d'une fortune dont elle ne peut disposer et que le mari saura bien, s'il le veut, faire disparaître. N'est-ce point là, aujourd'hui, dans Paris, l'objet de l'industrie avouée des hommes d'affaires qui pullulent dans tous les carrefours. Telle est la protection que la loi, par le mariage, accorde à la femme. C'est à peu près celle dont la police couvre le malfaiteur contre l'indignation de la foule, en l'emprisonnant.

*
* *

« Le troisième intérêt auquel le mariage doit surtout pourvoir est la progéniture. Associer l'homme à la paternité de Dieu, foyer inépuisable de vie, créateur des familles et des États, principe et fin éternelle de toutes les existences, voilà son honneur et son excellence... En résumé, la procréation des enfants est l'une des obligations les plus importantes de l'homme, car de l'accomplissement ou de l'omission de ce devoir dépend la conservation ou la disparition de l'espèce tout entière. Voilà pourquoi Dieu acheva l'œuvre commencée dans le cœur de l'homme par cette solennelle bénédiction : *Croissez et multipliez-vous* [1]. »

A quoi le Code répond par le partage forcé, par les restrictions au droit de tester, par des interdictions et des limitations dans les successions, établissant, à son gré, les héritiers, sans tenir compte ni de nos sentiments ni de notre volonté, faisant intervenir, pour prendre leur part, le fisc, les officiers ministériels, et parfois les tribunaux, toutes choses qui sont autant d'obstacles au développement des familles, à la multiplication de l'espèce. Car, il faut y prendre garde, la propriété, se divisant et se partageant sans cesse, finit par disparaître. Chacun, dans les familles nombreuses, n'a plus qu'un patrimoine insuffisant, et Malthus nous a prévenu que nous n'avons aucun droit à l'exis-

---

1. L'abbé VIDIEU, *Famille et divorce*, p. 40-41.

tence. Le Parlement anglais, voulant détruire l'influence des catholiques irlandais, rendit, en 1703, le partage obligatoire entre leurs enfants mâles. C'était, pour ces familles, après une ou deux générations, l'anéantissement ou l'état d'indigence le plus complet. Naissons donc riches, pour pouvoir vivre. Ayons, pour posséder davantage, le moins de frères et de sœurs possible. Les parents y pourvoient, selon la doctrine malthusienne. La population diminue, à ce point que l'on signale sa décroissance comme un danger public. Mais à qui donc la faute, sinon à votre Code ?

Nous demanderons si la loi intervenant dans les tutelles, non pour protéger, mais pour compromettre, par ses interdictions établies à l'avance sans tenir compte des circonstances diverses qui peuvent les rendre nuisibles, par l'immixtion coûteuse des officiers ministériels, nous demanderons si la loi donne toute liberté légitime et toute justice? N'avez-vous pas entendu parler de la loi sur les aliénés, et des scandales qu'elle occasionne chaque jour? du régime des prodigues interdits qui enrichit huissiers, avoués, notaires, développe l'industrie des usuriers de tous genres, tapissiers, marchands de chevaux, prêteurs d'argent, et compromet les intérêts qu'on veut protéger mille fois plus que la prodigalité même ?

La protection de la loi ? La loi ne protège rien et nuit à tout. Mais elle nous enlace, nous emprisonne, nous tient. Nous sommes à sa merci. La liberté et la justice sont violées en notre personne. Mais le pouvoir est fort et se fait sentir. Cela ne suffit-il pas ?

Et tout cela se fait, remarquez-le, au nom de la liberté ; ce sont les hommes se réclamant de ce principe sacré qui nous enserrent, nous étouffent dans les replis tortueux d'un Code où nous perdons toute liberté !

« L'État, dit Taine, se sert de l'argent qu'il m'extorque pour m'imposer injustement de nouvelles contraintes ; c'est le cas lorsqu'il me prescrit sa théologie ou sa philosophie, lorsqu'il me prescrit ou m'interdit un culte, lorsqu'il prétend régler mes mœurs et mes manières, limiter mon travail ou ma dépense, diriger l'éducation de mes enfants, fixer le taux de mes marchandises ou de mon salaire. Avec l'écu que je ne lui dois pas et qu'il me vole, il défraie la persécution qu'il m'inflige... Prenons garde aux accroissements de l'État, et ne souffrons pas qu'il soit autre chose qu'un chien de garde [1]. »

Que sont les lois sur le mariage, sinon une espèce de théologie civile substituée à la théologie de ma religion, un culte légal opposé au culte de ma croyance ? L'État se tient-il dans son rôle de chien de garde ?

_____

1. *Origines de la France contemporaine.*

* *
*

Le mariage qui crée la famille est une chose sainte. Le ménage est un sanctuaire où ne doivent point pénétrer les profanes. La moindre allusion à une intimité qui cependant n'est ignorée de personne révolterait la pudeur de l'épouse; et le moindre galant homme, par respect pour elle, si ce n'est pour lui, ne permettrait pas, fût-il égaré en mauvaise compagnie, qu'on lui en parlât dans les termes les plus déguisés. Une mère elle-même craint de s'aventurer dans ces dangereux parages et respecte la réserve de sa fille. Les sentiments ont leur pudeur, comme le corps, et les sentiments des époux l'un pour l'autre sont de ceux qu'un souffle peut ternir. Respectons l'amour, qui est saint, et réprouvons la loi qui ne le respecte pas.

Parfois, hélas! un nuage obscurcit la sérénité du ciel le plus pur. Des froissements surviennent, et avec eux les peines, les chagrins, les angoisses, les révoltes du cœur. Ce sont des maux qui, pour être pansés, veulent une main délicate et légère. Dans la famille bien comprise, un père, une mère, un ami d'âge et d'expérience, se chargeront de ce soin pieux. Peu à peu, ils calmeront les colères, apaiseront les amertumes, et, quand la tranquillité et le sang-froid seront revenus dans les âmes blessées, chacun reconnaîtra l'inanité de ses griefs, rira du monstre qu'il s'était forgé et qui faisait son tourment. Que si, cependant, d'un côté ou de l'autre, les torts sont graves, l'intervention familiale et affectueuse aura encore ses avantages. Sans pallier les fautes, on fera comprendre à la victime où se trouve la vraie dignité, et l'on n'appellera pas un monde sceptique et goguenard au spectacle du brisement des cœurs, de l'anéantissement du bonheur. Ni l'honneur perdu du mari, ni les pudeurs et les tendresses évanouies de la femme ne viendront divertir le public, et servir d'aliment à des plaisanteries grossières. « On doit laver son linge sale en famille, » dit un proverbe. C'est en famille qu'il faut, quand on y est forcé, prendre les mesures qui sauvegardent la dignité et empêchent la profanation de l'amour.

Cependant la loi croit pouvoir remplir ce rôle, délicat entre tous, d'intervenir. Au moindre soupçon de dissentiment entre époux, avoués, avocats, agents interlopes tendent leur toile et y prennent bientôt leur victime. Pour mieux la dépecer et s'en partager les morceaux, on l'empêtre de plus en plus. On aigrit sa colère et ses ressentiments, on invente pour elle des griefs imaginaires et révoltants. Bientôt, d'un rien, on a fait un monde. Mais ce sont là des causes grasses dont on se délecte au prétoire. Tous les hommes à lèvres rasées et à favoris interprètent, commentent,

inventent. Ils pénètrent dans la chambre à coucher
et le boudoir, ouvrent les portes de l'alcôve, et
lèvent la couverture du lit. Le cabinet de toilette
n'a pas de secrets pour eux. Puis vient le juge qui,
de sa patte lourde, appuie sur toutes ces infamies.
On torture la femme par des questions à faire rou-
gir l'habit d'un horse-guard : toutes ses délicatesses
sont flétries, ses pudeurs violées, ses sentiments
froissés. L'honneur de l'homme, en une telle aven-
ture, est à jamais compromis, non par le fait lui-
même peut-être, mais par ce que la loi a tiré du
fait. Et quel but atteint-elle? Elle ne remédie à
rien, et fait le malheur de deux êtres qui, sans
elle, auraient pu trouver le bonheur l'un par
l'autre. Est-ce la peine d'étaler autant d'impudence et de cynisme?

Mais la loi peut-elle avoir du tact, de la délicatesse, agir avec le sentiment du respect que comportent les choses respectables? Non. Elle est donc
condamnée.

*
* *

Les effets de la loi ne s'arrêtent pas aux
époux. Le mariage crée la famille; il donne les
enfants, il forme aussi les liens divers de parenté
par les alliances. Le Code les a précisés, et détermine, selon le degré et selon les cas, l'attribution
des héritages. On a déjà vu combien le droit de
tester est restreint. Même lorsqu'il peut s'exercer,

c'est pour déroger aux prescriptions légales. Il y a
donc antagonisme entre les volontés et le Code, et
cet antagonisme est une cause perpétuelle de discordes et de haines. La loi ayant créé arbitrairement des héritiers, ceux-ci se croient lésés si l'héritage ne leur parvient pas. Ils n'attendent point la
mort pour le convoiter. Le sang d'ailleurs ne
forme pas seul des liens entre les hommes : l'amitié,
la reconnaissance, la réparation tardive quelquefois d'un préjudice causé, peuvent créer des obligations. On l'oublie trop. L'amour aussi en impose
qui ne sont pas moins sacrées : on ne veut pas les
reconnaître au nom de la morale, et l'on ne s'aperçoit pas que l'on viole ainsi la morale, la justice et
l'humanité. Il vaut mieux, selon la loi, que, malgré
les sentiments, les affections, le devoir même, nos
biens aillent aux mains de parents indignes. A
quoi bon refaire le tableau des scandales qui se
produisent chaque jour ? Balzac, dans son beau
roman d'*Ursule Mirouet*, en a tracé une peinture
saisissante. Malheureusement, les infamies ne
tournent pas souvent, comme il arrive dans l'imagination de l'écrivain, à la confusion des voleurs
et au triomphe de la justice.

*
* *

Amour ! Amour ! qu'ont fait de toi les hommes
et leur loi stupide ! Noble et douce parure des

âmes, source des généreuses actions, créateur et conservateur du monde, Amour, toi, le bien, le beau, le vrai, qui seul subsistes quand tout passe, que tout s'écroule, toi que nous préférons à la gloire, à la fortune, au pouvoir ; Amour, émanation de l'amour éternel, infini, qui nous donnes l'avant-goût de la félicité suprême, toi qui es descendu du ciel pour notre bonheur, on te ravale au rôle de rouage dans le mécanisme social ! Toi, qui ne connais d'autres lois que celles de l'amour lui-même, on t'impose les lois brutales d'un Code ! Mais tu t'enfuis, et la société, qui ne te connaît plus, est un haras humain, où le mâle a sa femelle, où l'on reproduit, où les enfants sont inscrits, catalogués, enregistrés. N'est-ce pas tout ce qu'il faut ?

Ah ! l'amour, qui seul devrait former les unions, n'y préside pas toujours, et le Code ne s'occupe que des unions et non du mobile qui les crée. Usurpant un rôle qui n'est pas le sien, il ne peut faire autrement. Règle matérielle des époux dans leurs rapports d'intimité et d'intérêts, il ne peut y introduire ce qui fait à la fois le charme et la force du lien conjugal : l'amour. Et, par cela même, il détruit l'amour ; il le remplace par la convenance, les intérêts ; et le mariage devient un accouplement sans rien de ce qui l'ennoblit et le sanctifie.

Hélas ! non, ce n'est pas toujours l'amour qui entonne le chant de l'hyménée. Ne devrait-on pas, du moins, par respect pour l'humanité, le suppo-

ser toujours présent? Ne serait-il pas utile de
cacher son absence, comme l'on cache un mal honteux? Il nous répugne de voir certaines unions :
une jeune fille sacrifiée à un vieillard, une prosti-
tuée décrépite traînant à l'autel un amant avili et
dégradé. C'est que là nous nous refusons à voir
l'amour. Mais regardez ce couple jeune et beau
qui descend, rayonnant de pudeur et de joie, les
marches du temple : votre cœur tressaille, car, à
n'en point douter, l'amour a parlé. Pénétrer les
âmes de l'importance de l'amour pour fixer le
bonheur, repousser une loi qui, servie par les
notaires, prêche le dédain du sentiment au profit
de l'intérêt, c'est rendre le mariage plus moral,
les ménages plus heureux, les familles plus unies.

Amour! Amour! lien des âmes, source de l'intimité chaste et pure, principe des vertus familiales,
chasse, ah! chasse loin, bien loin, la loi qui te
méconnaît! Reviens, fécondateur des mondes,
mettre dans l'œuvre créatrice l'idéal sublime qui
nous élève au-dessus de la brute! Rayon de l'éternelle félicité, viens réchauffer les cœurs, et ré-
pandre dans les familles ces bienfaits du ciel, la
paix, l'union, le bonheur.

*
* *

J'aime à retracer, dans ma pensée, le tableau de
la famille idéale, à suivre, dans la liberté complète
de son développement, ses étapes et ses progrès.

C'est d'abord une fraîche et pure idylle ; un jeune
homme, une jeune fille, que l'amour, inspiré par
les qualités de l'âme plus encore que par les
attraits physiques, a rapprochés. Ils n'ont point
demandé au notaire s'ils pouvaient s'aimer : ils se
sont livrés à l'impulsion de leurs cœurs et se
donnent l'un à l'autre franchement, noblement,
saintement, tels qu'ils sont, avec ce qu'ils ont,
unissant leurs biens comme leurs âmes, se con-
fiant réciproquement leur destinée matérielle et
morale. Je les accompagne au pied de l'autel où
ils se jurent, sans se mentir à eux-mêmes, une
affection sans bornes. Un peu plus tard, je me
penche, avec la jeune mère, sur le berceau où
dort un chérubin rose et potelé. Je vois le redou-
blement de travail et d'efforts du père, songeant à
l'avenir de ce fils chéri, sa chair et son sang, son
espérance, sa vie, son tout. Et peu à peu la famille
augmente. Dans le paradis terrestre où je me
plais à voir cet heureux ménage, le Code n'a pas
encore pénétré : aussi le travail fructifie-t-il, en
même temps que se multiplient les charges si
chères et si douces envoyées par le ciel. Tout
grandit cependant ; l'éducation des petits est
faite. La vie d'homme commence à son tour pour
eux. Chacun s'est choisi une carrière : les uns
restent au nid qui les a vus éclore, près de l'aile
qui les a réchauffés ; les autres s'envoleront un
peu plus loin, mais sans briser les liens qui les

rattachent au foyer où ils ont trouvé le bonheur avec la tendresse et qui leur conserve toujours une place. Là, la famille demeure intacte : quand le père, se reposant de son labeur, se fera remplacer dans son industrie ou son commerce par l'un de ses fils, la maison paternelle ne sera pas interdite aux autres ; ils pourront encore venir y respirer les souvenirs si doux de leur enfance, ils y trouveront toujours aide, protection et amour sincère. C'est le point central qui unit toutes les affections, qui les empêche de se désagréger et de se perdre.

Le temps rapide a fui. Cinquante ans se sont écoulés. Maintenant, au pied du même autel, je retrouve deux vieillards dont l'âge a blanchi les cheveux. Ils viennent faire bénir de nouveau leur union ou plutôt en remercier Dieu. Le bonheur respire sur leurs visages calmes, doux et bons. Jamais, dans cette famille, la discorde n'a pénétré, car tout s'y est réglé par l'affection et l'amour. Le travail a été dur, il a fallu lutter. Mais autour des vieux époux s'épanouit, couronne vivante et récompense de leur labeur, la lignée chère, les fils et leurs femmes, les filles et leurs maris, et les petits-enfants qui rappellent les commencements si doux du ménage. Un regard de tendresse infinie s'échange entre les deux ancêtres. Ils se jettent dans les bras l'un de l'autre, et au milieu de douces larmes : « Aimez-vous bien, mes enfants, disent-ils. C'est en s'aimant que l'on trouve le bonheur. »

VII

LA RELIGION

Sur la mer en fureur, au milieu des déchaîne-
ments de la tempête, le navire, désemparé, battu
par tous les vents, secoué comme une balle que
les vagues se renvoient de l'une à l'autre, à tout
instant menacé d'être englouti. Chaque lame qui se
soulève semble une tombe qui se creuse et où il va
s'abîmer pour toujours. L'équipage, réduit à l'impuissance, a cessé de lutter et n'attend plus que la
mort. Mais tout à coup la vigie a crié : Terre ! Terre !
Une exclamation immense de joie retentit. Au
désespoir succède l'espérance. Le courage renaît.
Un suprême effort est tenté. Le navire entre au
port. Il est sauvé.

La société est ballottée par les vagues des
passions humaines. Ne la voyez-vous pas, jouet
des vents et de la tempête, marchant droit aux
abîmes et près de sombrer dans le gouffre béant ?
Comme un navire démâté et sans gouvernail, sans
boussole, sans pilote, elle est roulée sur les flots

des opinions fausses et des doctrines perverses dont les heurts et les chocs la battent incessamment, des intérêts, des ambitions, des convoitises qui la minent et la ruinent. Ni frein qui la retienne, ni liberté qui l'allège, ni justice qui la console et lui donne l'espérance. Au lieu de la paix et de l'union qui, aux jours d'une navigation heureuse et sereine, règnent entre tous, l'envie, la haine, la discorde ont pénétré dans ses flancs entr'ouverts. Oubliant que le salut commun est dans les efforts réunis de tous, chacun espère que la perte d'autrui sera son salut : ainsi, aux temps antiques, les dieux infernaux étaient apaisés par le sacrifice de victimes humaines. Capitaines et lieutenants ne se souviennent plus, dans leur effarement, de donner d'inutiles ordres. Les matelots ont abandonné leur poste. Les passagers lèvent vers le ciel leurs mains désespérées. Tous, dans l'épouvante et l'anxiété, attendent la fin de l'horrible drame. Mais voici que la vigie a crié : Terre ! Terre ! Le navire entrera-t-il au port ?

Mille et mille fois bénie soit la terre qui s'offre à nous, mille et mille fois béni le port assuré où vont cesser nos alarmes ! Déjà le capitaine, debout sur sa passerelle, a fait reprendre à son équipage la manœuvre abandonnée. Mais, au milieu de la stupéfaction de tous, d'une voix qui domine le bruit des vagues, les vents et le tonnerre, l'ouragan impétueux et tous les éléments déchaînés : « Fuyons, s'écrie-t-il, fuyons ! » Et le navire, cra-

quànt sous l'effort, se confie de nouveau à la mer
horrible et disparaît au loin dans les ténèbres de la
nuit.

⁂

Quel péril plus grand que le péril de la mer
fuyez-vous donc, et quelles embûches craignez-
vous ? — Ce que vous craignez, c'est la vérité ; ce
que vous fuyez, c'est la liberté, la fraternité, le
bonheur. Car la religion n'est rien autre hose.
Oh ! vous en doutez, ou plutôt vous voudriez, je
ne sais pourquoi, qu'il n'en fût pas ainsi. Mais ni
votre désir ni vos dénégations n'y peuvent rien :
vous ne changerez pas ce qui est.

Ce n'est point d'aujourd'hui que le nom de liberté
a été prononcé dans le monde. Jusqu'à Jésus-Christ,
ce fut un mot vide de sens. Nous ne sommes plus
aux jours où, séduits par le charme des écrivains
classiques, et imaginant une antiquité toute de
fantaisie, nous allions en chercher la notion dans
les Républiques de la Grèce ou à Rome. Notre éducation à ce point de vue a été rectifiée, et la beauté
de la forme ne nous éblouit plus, ne nous empêche
pas de voir jusqu'à quel point l'homme, dans ces
sociétés, était asservi à l'homme, aux lois, aux
mœurs, aux institutions, à l'État. Jésus-Christ, le
premier, non seulement a proclamé la liberté, mais
nous l'a donnée. Si, trop souvent encore, nous en

sommes privés, par le fait des despotes et notre lâcheté, il ne faut nous en prendre qu'à nous. N'est-
ce point lui qui a dit : « Les princes des nations les
« dominent et les grands exercent la puissance sur
« elles : il n'en sera pas ainsi parmi vous. Un seul est
« votre maître, le Christ, et vous êtes tous frères. »
C'est la force, c'est la richesse, c'est l'ambition
qui forgent les chaînes de notre esclavage : il a
brisé la force, maudit la richesse, humilié l'ambition. Celui qui veut être le premier, sous sa loi,
est le dernier, et celui qui se cache au dernier
rang est élevé à la première place. Il a détruit
tout ce qui peut servir à l'homme contre l'homme.
Il lui fallait pour cela mourir : il est mort, attaché au gibet infâme du Calvaire. Son sang est le
prix de notre rachat. « Chrétiens ou non, révérez
« la croix, ce signe de la Passion, c'est celui de la
« liberté morale [1]. »

Ajoutons de toute liberté. On ne parle pas ici
dans le sens simplement mystique. Le Christ,
rédempteur des âmes, en nous affranchissant de
l'esclavage du péché, nous a donné la liberté dans
tous les sens du mot, la liberté qui est le droit de
faire tout ce que nous voulons, de disposer de notre
personne, de nos biens, et de prendre part, dans
la société, aux choses de la société dont nous
sommes les membres. Ce que ni les lettres ni la

---

1. MICHELET, *Hist. de France*, 2e vol., p. 661, éd. Hachette, 1835.

philosophie antiques n'avaient pu faire, n'avaient même pas tenté, dans les sociétés civilisées de la Grèce et de Rome, sur des esprits ouverts et curieux, ardents aux recherches spéculatives et amoureux des belles et nobles choses, le christianisme l'a accompli au milieu des barbares. Il les a pénétrés peu à peu de son influence bienfaisante, et c'est sur des natures grossières, des caractères durs et sanguinaires, des intelligences rebelles, qu'il a établi sa conquête du droit que possède tout homme à la liberté. De telle sorte qu'au XIII° siècle saint Thomas, le grand docteur de l'Église, l'interprète le plus autorisé de la doctrine chrétienne, n'a pas craint d'établir, en s'appuyant sur les principes de la religion, la théorie d'une forme gouvernementale auprès de laquelle pâlissent les conceptions les plus audacieuses des révolutionnaires modernes. Ignorez-vous que le type rêvé par ce moine, par ce saint, n'est pas autre chose, sous un nom différent, que la République ? Ignorez-vous que les fonctions publiques doivent, suivant lui, être dévolues à l'élection ? qu'il réclame le suffrage de tous ? qu'il veut le peuple maître absolu de ses destinées ? Il pense, s'écartant en cela des opinions et de la pratique en honneur de nos jours, que tous les magistrats et fonctionnaires, le premier de tous surtout, le chef de l'État, doivent avoir les capacités intellectuelles et morales nécessaires à l'accomplissement de leur mandat. Nous

ne contesterons pas l'assertion. Bien plus, il proclame le droit à l'insurrection contre le pouvoir
qui n'agit pas en vue du bien commun, et c'est à
lui que l'on peut faire remonter cette maxime :
l'insurrection est le plus saint des devoirs. Pour
l'avoir exprimée en son langage et en avoir démon-
tré la légitimité, elle ne lui appartient pas moins
et n'est pas moins juste. Le plus savant homme
de notre époque dans les choses du moyen âge, et
dont la clairvoyance et l'impartialité égalent l'érudition, M. B. Hauréau, voit dans la scolastique
l'origine de l'émancipation moderne de la raison, en
d'autres termes le germe de la liberté. Ce germe
toutefois était déjà bien développé, cette émancipation bien grande. M. Hauréau eût pu remonter
jusqu'à l'Évangile. La discussion ardente, dans les
écoles, de toutes les questions de morale, de politique, de métaphysique, de religion, accentua beaucoup les progrès. Mais les principes étaient posés.
La scolastique n'est, en définitive, en tout ce qui
peut s'y rattacher, que le commentaire de l'Évangile
sous la forme philosophique spéciale au moyen âge.

Le protestantisme est venu qui, confondant tout,
la raison avec la fantaisie, la licence avec la liberté,
la morale avec la politique, a interrompu le progrès, et lancé une partie du monde dans une voie
fausse et aventureuse. Le catholicisme a toujours
maintenu haut et ferme son drapeau. Sans doute,
il a combattu les excès de la liberté comme ceux

du despotisme ; il s'est attaché, selon les époques,
à faire dominer le principe attaqué ; il a parlé
davantage d'autorité quand on voulait rompre
tout frein, comme il n'a cessé, en présence de la
tyrannie, sous quelque forme qu'elle se présentât,
de réclamer le droit imprescriptible et sacré de
l'homme. C'est une preuve de la sagesse qui l'inspire : aux enfants indociles on prêche l'obéissance,
tandis qu'aux natures molles, faibles, sans ressort
et sans initiative, enclines à se laisser dominer,
on cherche à inspirer le courage, la force, et une
confiance plus grande en elles-mêmes. Ainsi se
conduit, dans le cours des âges, le catholicisme.

Aujourd'hui encore, dans l'abaissement des
caractères et la dégradation morale où nous ont
plongés vingt années d'un régime qu'on appelle,
par je ne sais quelle ironie, la République, tandis
que tous se courbent servilement devant les
mesures les plus arbitraires et les lois les plus
illégitimes, où trouvons-nous la fierté, l'indépendance et la noble résistance aux abus de la force?
Ces qualités qui sauvegardent l'honneur de notre
pays, il les faut aller chercher chez les représentants autorisés du catholicisme, chez ces évêques
que vous accusez de vous combattre, et qui com-
battent pour les droits de tous, pour les droits des
adversaires de la religion comme de ses adeptes,
en revendiquant hautement, au-dessus de tout, les
privilèges de la conscience. Oh! le mobile qui les

guide n'est pas toujours exempt de mélange
impur, nous le savons. En faisant l'éloge mérité
de la religion, on ne craindra pas de flétrir, au nom
même de la religion, la conduite habituelle de
ceux qui, par leur fonction, la représentent, qui
n'ont nul souci d'appliquer à leur propre vie les
enseignements qu'ils proclament, et font servir le
ministère sacré à leurs intérêts temporels. Donnez-
nous le temps d'aborder ce point. Mais, il faut
l'avouer, les passions qui les entraînent, les vues
ambitieuses qui les dirigent, n'ont jamais altéré
chez eux la doctrine dont l'immutabilité fait leur
force. Et, quel que soit leur but, en rappelant sans
cesse qu'il est une loi supérieure à la volonté des
hommes, ils opposent une barrière au despotisme,
ils luttent pour notre liberté. L'humanité doit leur
en être reconnaissante.

.˙.

Parmi les maux qui nous accablent, dans l'ora-
geuse traversée de la vie, les plus cruels sont ceux
dont nous souffrons de l'injustice des hommes. La
religion est la seule puissance qui ose et puisse se
dresser contre l'arbitraire, la violence, la force
brutale. Ne repoussons pas le secours qu'elle nous
offre. De quoi nous réclamerons-nous quand nul
frein n'existera plus ? Qu'opposerons-nous aux
entreprises hostiles quand nous n'aurons plus le

droit? Et le droit, c'est la religion, car ou il se confond avec elle, ou il n'est que la consécration de la volonté humaine, et par conséquent de l'injustice, si telle est la volonté du plus fort. Ne m'opposez pas la raison : si la raison n'est éclairée par la conscience, si elle ne s'appuie sur la religion, elle se pliera à tous les caprices et se mettra au service des lois les plus infâmes pour les faire admirer et respecter, ou plutôt la raison cessera de faire entendre sa voix, la raison disparaîtra. La religion, dont les dogmes sont immuables comme la vérité même, n'a point de ces complaisances, et c'est à son influence que nous devons ce qu'il y a encore de bon dans le monde.

Dans le combat incessant du bien contre le mal, celui-ci remporte souvent des victoires passagères dont nous sommes les victimes et où nous restons broyés comme sous la meule. Surviennent les revers de la fortune : la haine, la méchanceté, la perfidie nous guettent comme une proie et assouvissent sur nous leur férocité ; la calomnie fait son œuvre ; les persécutions nous accablent. Nous souffrons, nous sommes malheureux, et c'est assez pour que les amis des jours prospères deviennent indifférents ou hostiles, pour que les parents eux-mêmes s'éloignent de nous. Job sur son fumier ne recevait que des reproches et des malédictions : ainsi nous arrive-t-il dans le malheur. La religion nous ouvre encore les bras.

Elle nous soutient, nous fortifie, nous console. Qu'importe la souffrance à l'honnête homme, si sa conscience, qui le juge, l'absout, si elle lui dit qu'il n'a mérité ni la calomnie, ni la persécution, ni l'éloignement des amis, ni l'abandon des proches ? Dieu nous reste ; il ne nous délaisse jamais, et nous savons que le jour viendra de l'éclatante justice et de la réparation.

*
**

Mais que parlai-je ici de justice ? L'Évangile nous offre une conception plus élevée. La justice, réduite au droit strict de chacun, n'est, en quelque sorte, que la pratique de l'égoïsme. En l'observant, nous n'avons pas fait le mal, mais ce n'est pas assez. Cette vertu négative ne suffit pas. Il nous faut aussi faire le bien. Avec Jésus-Christ, la justice se perd et se confond dans l'amour, dans l'amour efficace, dans l'amour qui se manifeste par les œuvres. Il ne nous permet aucune illusion à cet égard, et il descend, dans ses préceptes, jusqu'à nous en indiquer les plus vulgaires applications. Donner à manger à ceux qui ont faim, à boire à ceux qui ont soif, prêter notre argent à ceux qui nous le demandent, nous aider, pardonner les injures et les offenses, prier pour ceux qui nous calomnient et nous persécutent, en un mot nous aimer les uns les autres, et nous aimer d'un amour

qui fasse régner entre nous la paix et l'union,
qui soit, dans la vie, l'aide et le soutien de ceux
qui ont besoin d'aide et de soutien, et permette
l'éclosion dans nos âmes de la fleur du dévouement
et du sacrifice pour l'humanité souffrante, telle est
la loi, toute la loi. Si l'amour du prochain n'est
que le second commandement dont le premier est
d'aimer Dieu, il est cependant semblable au premier. Il n'est pas possible, en effet, d'aimer Dieu
sans aimer les hommes, ni d'aimer les hommes
sans aimer Dieu. L'amour est l'aspiration constante
de notre cœur, et résume toute notre vie. Nous le
cherchons partout et toujours ; notre destinée est
d'aimer, et nous n'aurons de repos qu'au jour où
nous aurons trouvé l'amour infini dans le sein de
l'Infini. Et l'amour est exclusif de toute haine et de
toute indifférence. La loi de l'Évangile consacre
cette tendance de notre nature et l'empêche de s'égarer dans l'amour de nous-même, dans l'égoïsme.

Dieu aime toutes ses créatures, et il veut que la
créature qu'il a faite à son image lui ressemble.
Or, si, après avoir vu dans la charité la règle
réciproque des rapports des hommes, nous consi-
dérons la justice comme la loi souveraine d'après
laquelle il juge notre conduite, nous le voyons la
porter à ce degré de sublimité qu'elle cède, si
l'on peut dire, à son amour. Lui, qui a tous les
droits, semble abandonner son droit. Le livre
saint ne parle que de son désir de pardonner et de

sa joie de pouvoir le faire. Ici c'est le bon pasteur qui court après la brebis égarée ou le père qui tue le veau gras au retour de l'enfant prodigue. Là nous voyons le Christ, quittant la parabole pour en faire l'application, relever la femme adultère et la pécheresse repentante. Toujours la justice cède à la miséricorde et au pardon, la sévérité à la mansuétude et à l'amour.

Ce sont là de beaux préceptes et de beaux exemples. Ne pensez-vous pas que, si nous y conformions notre conduite, si la charité remplaçait dans nos cœurs l'égoïsme, si nous n'oubliions pas le devoir de nous aimer et de nous entr'aider, il y aurait des hommes pour manquer de travail et de pain, qu'ils seraient dépouillés par d'autres hommes du fruit de leur labeur? Ne pensez-vous pas encore que la société aurait fait un grand pas vers le bonheur, si les lois, s'inspirant de la loi sublime d'amour, avaient pour but de concilier les intérêts dans un esprit de paix et d'union, si elles nous laissaient l'usage complet de notre activité, si elles étaient douces à l'infortune et, qu'à l'exemple de Dieu, elles missent de l'indulgence et de la pitié à la place d'une cruauté brutale? Elles seraient ainsi à la fois plus humaines et plus efficaces.

*
* *

« Aujourd'hui, après dix-huit siècles, sur les deux

continents, depuis l'Oural jusqu'aux Montagnes-
Rocheuses, dans les moujiks russes et les settlers
américains, le christianisme opère comme autrefois
dans les artisans de la Galilée, et de la même façon, de
façon à substituer à l'amour de soi l'amour des autres ;
ni sa substance ni son emploi n'ont changé. Sous
son enveloppe grecque, catholique ou protestante, il
est encore, pour quatre cents millions de créatures
humaines, l'organe spirituel, la grande paire d'ailes
indispensables pour soulever l'homme au-dessus de
lui-même, au-dessus de sa vie rampante et de ses
horizons bornés, pour le conduire, à travers la patience,
la résignation et l'espérance, jusqu'à la sérénité, pour
l'emporter, par-delà la tempérance, la pureté et la
bonté, jusqu'au dévouement et au sacrifice. Toujours
et partout, depuis dix-huit cents ans, sitôt que les
ailes défaillent ou qu'on les casse, les mœurs publiques
ou privées se dégradent. En Italie, pendant la Renaissance ; en Angleterre, sous la Restauration ; en France,
sous la Convention et le Directoire, on a vu l'homme se
faire païen comme au premier siècle ; du même coup
il se retrouvait tel qu'au temps d'Auguste et de Tibère,
c'est-à-dire voluptueux et dur : il abusait des autres
et de lui-même ; l'égoïsme brutal et calculateur avait
repris l'ascendant, la cruauté et la sensualité s'étalaient,
la société devenait un coupe-gorge et un mauvais lieu.
Quand on s'est donné ce spectacle, et de près, on peut
évaluer l'apport du christianisme dans nos sociétés
modernes, ce qu'il y a introduit de pudeur, de douceur
et d'humanité, ce qu'il y a maintenu d'honnêteté, de
bonne foi et de justice. Ni la raison philosophique, ni
la culture artistique et littéraire, ni même l'honneur
féodal, militaire et chevaleresque, aucun code, aucun
gouvernement, ne suffit à le suppléer dans ce service.
Il n'y a que lui pour nous retenir sur notre pente natale,

pour enrayer le glissement insensible par lequel, incessamment et de tout son poids originel, notre race rétrograde vers ses bas-fonds ; et le vieil Évangile quelle que soit son enveloppe présente, est encore le meilleur auxiliaire de l'instinct social [1]. »

*
* *

L'efficacité de la religion est de toute évidence. L'aveu qui en est fait par M. Taine, ne pouvant être suspect, est précieux. Remarquons toutefois, contrairement à son opinion, que le vieil Évangile n'a pas plusieurs enveloppes. La vérité est une et ne change pas. Nous n'irons pas la chercher dans les doctrines qui s'accommodent aux temps, aux circonstances, et aussi aux passions des hommes. Le catholicisme, dont le dogme est immuable, dont la morale n'admet ni transactions ni complaisances, seul possède la vérité, seul est l'expression véritable de l'Évangile, et seul est efficace. Les philosophies ont aussi leur morale, qu'elles fondent sur les données de la raison. Les avons-nous jamais vues agir avec la puissance de la religion ? Les lois humaines, qui ont pour elles la force, dont la sanction est imminente, qui rejettent toute pitié et toute commisération, que peuvent-elles pour le bien ? Ou toute maxime de morale est également bonne et utile, ou il faut admettre non

1. Taine, *Revue des Deux Mondes*, numéro du 1er juin 18 1 p. 492.

seulement le précepte, mais la source supérieure
d'où il tire son efficacité, et cette source, c'est la
vérité qui est une. Il est des vertus humaines,
sans doute, qui n'exigent pas le secours de la religion. Mais la charité qui inspire le dévouement et
le sacrifice n'est pas de celles-là, et c'est la charité
qui influe d'une manière bienfaisante sur les individus et les sociétés. De sorte que les bienfaits dus
à l'Évangile, ou ne sont pas dus à l'Évangile, mais
seulement aux progrès de la raison, ou doivent être
attribués exclusivement au catholicisme.

« Plusieurs nations chrétiennes, dit Le Play, pros-
pèrent sans le concours apparent du catholicisme ;
mais en fait ce concours ne leur fait pas complètement
défaut. Partout, en Occident, j'ai entendu des hommes
sincères appartenant aux autres communions, déclarer
que l'influence indirecte du catholicisme oppose parmi
eux un utile contre-poids aux exagérations qu'entraînent l'intérêt de localité ou l'esprit d'individua-
lisme [1]. »

Non, toutes les enveloppes de l'Évangile ne sont
pas également bonnes, et le protestantisme, pour
ne parler que de celle-là, loin d'être une enveloppe utile, en a détruit pratiquement l'esprit chez
les individus et dans les sociétés. Qu'est-ce, en
effet, que cette froide et égoïste Économie politique
importée chez nous de la froide et égoïste Angleterre, sinon une forme du protestantisme, sa forme

1. *La Réforme sociale*, I, p. 198, en note.

économique et sociale? Il est impossible, en lisant
les Smith, les Malthus, les J.-B. Say, etc., de ne
pas être frappé du caractère que les opinions religieuses ont imprimé à leurs théories, à leurs idées,
et jusqu'à leur style. C'est, avec un puritanisme de
secte, la sécheresse, l'égoïsme, le dédain et le
mépris de l'homme. Tout en eux pue le protestantisme, ce qui n'a rien d'étonnant, puisqu'ils en
étaient imbus, que la plupart d'entre eux en
avaient les croyances et en pratiquaient les
maximes. Tout en eux pue le protestantisme ; mais
ce qu'il y a d'étonnant, c'est l'affectation qu'ils
mettent à n'en jamais prononcer le nom, et à placer
leurs doctrines sous l'égide de je ne sais quels
principes vagues d'utilité sociale, de faits cons-
tatés, de prospérité générale, où vient se perdre,
pour n'en rien rester, la prospérité individuelle et
le peu de bien-être auquel chacun de nous a le droit
de prétendre. Après tout, on comprend leur hésitation à confondre les théories malthusiennes qui,
malgré toutes les explications embarrassées, sont
le fond même de l'Économique et son tout, avec
une religion pour laquelle ils conservent dans leur
cœur quelque respect.

Nous avons vu le rôle funeste, dans les sociétés,
de cette Économie politique, c'est-à-dire du protestantisme. Mais il a agi d'une autre manière
encore.

.
. .

C'est dans la théologie protestante et rationa-
liste de l'Allemagne qu'il faut voir l'origine des
doctrines qui aujourd'hui, au nom de la science,
de la critique, de la philologie, d'une foule de mots
vides de sens, mais propres à abuser la crédulité
publique, c'est dans cette théologie, dis-je, qu'il
faut voir l'origine des théories destructives de toute
religion, de toute morale, de toute justice, de
toute liberté. Et elles ne se sont point arrêtées à
la négation spéculative du spiritualisme. Ce sont
elles qui ont produit la situation où se débattent
aujourd'hui les peuples de la vieille Europe. Les
causes morales produisent leurs effets comme les
causes physiques. En haine du catholicisme sur les
ruines duquel il rêve de s'établir, le protestantisme
libéral, venu de l'Allemagne, s'est affublé chez
nous de la robe de la libre pensée. Car l'hypocrisie est une des caractéristiques du protestantisme. Certes, les catholiques ne sont point par-
faits ; nous ferons leur procès quand viendra leur
tour. Mais du moins aucun d'eux, s'il est croyant
et pratiquant, n'hésitera à professer publiquement
sa foi. Le protestant se cache, se dérobe ; le grand
jour lui fait peur. Il ne renie pas sa croyance ;
mais il en fait volontiers abstraction en public ;
et, si vous l'écoutez parler avec un incrédule, vous

le prendrez lui-même pour un athée, tant il y met de complaisance ; et pour un catholique, s'il s'entretient avec un vrai croyant, tellement il sait pallier les dissentiments et rapprocher les points par lesquels le contact peut avoir lieu. Le vent gonflant les voiles de la libre pensée, le protestantisme, qui d'ailleurs en est le père, mais qui renierait volontiers sa progéniture, s'allie avec elle, selon sa conduite habituelle, par convenance et par intérêt. Il s'est mis à sa tête, s'est ainsi créé des alliés inconscients, a rassemblé autour de lui les ennemis de toute idée religieuse, et les fait travailler à l'œuvre de destruction. Un jour, sortant des écoles et des académies, les doctrines nouvelles se sont révélées au monde épouvanté par cette maxime que *la force prime le droit*. Le patriotisme ne peut l'avouer, l'histoire le dira peut-être, bien avant l'arrivée des soldats de Guillaume, qui en prirent possession, le protestantisme allemand avait conquis l'Alsace. Il l'avait pourvue depuis longtemps, sous d'autres noms, des fonctionnaires qui l'oppriment aujourd'hui. En plus d'un village, le pasteur, fourrier déguisé, avait préparé les logements à l'invasion. Il est inutile de se le dissimuler, jamais l'Alsace ne fut si française que depuis qu'elle a été arrachée des bras de la mère patrie. Elle a tressailli et s'est réveillée sous la botte du vainqueur. C'est là sa gloire. Mais quel narcotique lui avait donc été administré ? Depuis

de longues années un lent et continuel travail de
germanisation se faisait en elle. Mais il était dis-
simulé avec soin. Allemande par la langue, les
mœurs, les coutumes, elle l'était aussi, en partie,
par la religion. L'Allemagne est la patrie du protestantisme. Le peuple ne regardait pas au-delà du
Rhin, mais le pasteur n'oubliait pas que, si la
France a Calvin, Luther possède l'Allemagne. Et
le cri du protestantisme accueillant les soldats de
l'invasion fut : « Il y a deux cents ans que nous
vous attendons. »

« Nous pourrions, me disait après la guerre un
« protestant alsacien, rendre la vie bien dure aux
« Prussiens, et difficile la possession de notre pays.
« — Comment cela? — En nous alliant, protes-
« tants et juifs, aux catholiques, pour organiser
« la résistance à outrance. — Eh bien !... — Non,
« c'est impossible. La prépondérance des catho-
« liques sur nous, qui en résulterait, serait trop
« grande. »

Et c'est ce protestantisme hypocrite, dont la véritable patrie est l'Allemagne, qui chez nous, au
nom de la patrie, combat le catholicisme, lui jetant
Rome à la face, Rome où s'élève le phare lumi-
neux qui éclaire notre navigation terrestre, la
Rome du pape, la Rome en qui s'identifie la Religion sainte et véritable du Christ, et que nous
signale la vigie criant : Terre ! Terre !

.•.

O naïfs, ô dupes, vous tous qui, nés dans le sein
de l'Église, prêtez une oreille complaisante aux
critiques, contre le catholicisme, de la juiverie et
du huguenotisme ! Ne voyez-vous pas que l'on
abuse de votre simplicité, que l'on exploite votre
niaiserie ? Quoi ! lâchement vous donnez raison
aux attaques ; devant la plus lourde plaisanterie
ou le plus sot argument, vous apostasiez dans
votre cœur ! Ouvrez donc les yeux et voyez. Suivez-
le, ce juif ou ce protestant, déguisé en libre pen-
seur. En votre présence il affecte, pour couper
court à une trop facile réplique, de confondre toutes
les religions dans le même mépris dédaigneux,
et, lorsqu'il vous quitte, il court au temple ou à la
synagogue. — S'il tient une plume, lisez ses écrits.
Même système. Ce qui est destiné au grand public,
comme l'on dit, confond tout à dessein. On y
attaque la religion sans distinction aucune. Mais
les initiés sont prévenus. Ils savent que les coups
portent contre le catholicisme seul. Furetez un
peu cependant. Il ne vous sera pas difficile de
découvrir quelque revue spéciale, une gazette quelconque — ce que nous appellerions chez nous un
journal de sacristie — où se révèle tout son fana-
tisme confessionnel. Il ne craint pas d'y faire de
la théologie. Cependant, si vous, catholique, en

prononciez le nom, il vous interrogerait sur la
langue que vous parlez, et son sourire narquois
vous dirait en quelle piètre estime il vous tient.

Quel est le but de cette tactique? C'est de vous
affaiblir, de vous annihiler, et de faire de vous la
proie de toutes les cupidités. La France est catholique, et le catholicisme est sa force. Il est des
juifs, il est des protestants qui sont Français. Ni le
judaïsme ni le protestantisme ne le sont. Le judaïsme et le protestantisme en veulent, ne l'oubliez
pas, à votre bourse. Nous leur devons le régime
économique qui nous opprime, qui fait du pauvre
et du faible la victime du riche et du fort ; et,
pendant que stupidement, à leur instigation, vous
épuisez votre temps et vos forces à chasser Dieu
de chez vous pour faire place aux Panamistes, ils
l'exploitent, ce régime, contre vous, avec l'audace,
le cynisme, la persévérance et le succès que vous
savez.

Dans le cours d'une vie déjà longue, je me suis
trouvé en présence des opinions les plus diverses :
j'ai causé avec des juifs et des protestants; j'ai
discuté avec des indifférents, des sceptiques, des
incrédules, et j'ai rencontré parmi eux des hommes
dont j'honore hautement le caractère, les nobles
qualités et les vertus. S'ils errent, parce que tout
homme est sujet à l'erreur, il n'est pas permis de
douter de leur sincérité et de leur bonne foi, et je
respecte leurs convictions même en combattant

leurs idées. On n'est pas tenu aux mêmes égards pour la fourbe et l'hypocrisie, et quand, dans un dessein caché, le catholicisme est attaqué, méprisé, vilipendé, on peut l'opposer à ce protestantisme à double face qui fraternise dans les loges avec l'impiété haineuse, dans les temples avec le mysticisme germanique, et donne l'Alsace à la Prusse.

.*.

La vérité est indispensable aux hommes, et toutes les règles, toutes les lois, tous les systèmes de gouvernement individuel et social qui ne reposent pas sur elle, comme sur leur inébranlable fondement, ne produisent que ruines et désastres. Dans la traversée périlleuse de la vie, sans cesse nos regards cherchent le point d'où jaillira la lumière, le phare qui nous guidera, nous fera éviter les écueils et les brisants, et nous montrera le port. Mais où est-il, ce phare ? Où est-elle, cette lumière ?

L'homme, dans son inquiète curiosité, a cherché partout la vérité : la religion seule la lui livre dans toute sa plénitude. En dehors d'elle, il tourne sans cesse dans le même cercle : de la contemplation du monde, il se replie sur lui-même, scrute ses facultés, sa conscience, son âme, puis étudie l'humanité et les faits sociaux. Ce sont les trois grands domaines de son investigation, qu'il par-

court successivement, allant toujours, sans être
jamais satisfait, de l'un à l'autre, espérant que le
champ auparavant délaissé n'a pas été bien fouillé
et qu'il y trouvera le dernier mot de toutes choses.
Vains efforts? Pour les uns, ce dernier mot, c'est
le matérialisme sous une de ses formes multiples.
Les autres s'inclinent et prononcent le nom de
Dieu, de Dieu qui parle à notre esprit et guide
notre conscience, dont le souffle plane sur l'humanité, qui règle, d'une invisible main, la course
des planètes dans l'espace, de Dieu partout caché
et partout vivant, et que nous ne pouvons ni voir
ni méconnaître.

Cependant, ni ceux-ci ni ceux-là ne sont satis-
faits. La raison a été plus perspicace chez les spi-
ritualistes ; ils sont plus près de la vérité, mais
ne l'ont pas atteinte. S'ils s'arrêtent à ce terme
extrême de la puissance humaine, rien ne leur est
expliqué, ni du monde, ni d'eux-mêmes, ni de
l'humanité. Ils sont au bord de l'abîme, le voient,
et dans leur orgueil refusent la main qui leur est
tendue pour le franchir. Les matérialistes ferment
les yeux et nient. Mais est-ce résoudre la difficulté
que de la trancher ainsi ? A l'approche du danger,
l'autruche cache sa tête sous son aile. Le péril
a-t-il disparu, parce qu'elle ne le voit plus?

Je ne puis admettre la philosophie qui au terme
de sa course s'arrête et dit : Il n'y a plus rien. Si
elle a constaté Dieu, elle est obligée de reconnaître

qu'il y a au moins Dieu lui-même. Mais ce Dieu
entrevu par la raison, en fera-t-elle abstraction,
pour ainsi dire, et se refusera-t-elle, par une
étrange contradiction, de voir les lumières qui
découlent de la sphère supérieure et inaccessible
où elle-même le place? La raison ne s'élève pas
jusque-là. Mais la raison a-t-elle le droit, parce
qu'elle est impuissante, de dire qu'il n'y a plus
rien. C'est nier Dieu, c'est nier ce que l'on vient
d'admettre, et il n'y a plus rien en effet. Mais,
s'il n'y a plus rien, il n'y a pour elle jamais
rien eu. Elle a marché dans les ténèbres et n'a pu
rien voir ni du monde matériel, ni du monde
moral, ni de l'univers physique, ni de l'univers
spirituel. Tout est une fantaisie de l'imagination,
un rêve, une fantasmagorie. Tout est le néant, et
le néant, ce n'est rien. Cette philosophie se nie
elle-même dans la contradiction et l'absurdité. Tel,
dans une galerie remplie des chefs-d'œuvre de
l'art, serait l'amateur qui voudrait les contempler
dans l'obscurité. S'il ferme les yeux, s'il ne veut
les apprécier qu'à l'absence de la lumière qui les
fait resplendir, il sera forcé de nier jusqu'à leur
existence même. Dieu, et Dieu tel qu'il est, non
comme il nous plaît de le concevoir, est la lumière
qui éclaire toutes choses : sans lui tout se confond
et disparaît. Rien n'est plus, et pour les athées,
s'il en existe, la seule philosophie logique est la
philosophie du néant.

* *
*

La raison nous conduit à Dieu et nous laisse au
seuil d'un monde inaccessible aux regards humains.
Elle ne peut nous le faire connaître, mais elle nous
rend croyable ce que la foi nous enseigne. Elle ne
peut nous ouvrir la porte du surnaturel — Dieu
seul en a les clefs, — mais elle frappe à cette porte.
Étrange aveuglement que celui des hommes! Ils
se heurtent de tous côtés à ce monde supérieur
qui les englobe, les enserre, et ils le nient parce
qu'ils n'ont pas la force d'y entrer. Comme des
enfants, nous passons devant un palais où le reflet
des illuminations, le bruit d'un joyeux festin, les
harmonies de la musique, nous révèlent des plai-
sirs inconnus et des enivrements que nous ne
soupçonnons pas. Nous ne sommes pas du nombre
des invités, et nous ne voulons pas croire à des
fêtes qui nous sont interdites. Au lieu d'y sollici-
ter une place, nous détournons la tête, nous fer-
mons les yeux, et nous pensons avoir rêvé.

Si nous ne devons pas confondre deux ordres
de choses incommensurables entre eux, il n'est
pas cependant possible de les séparer. Dieu est un.
Il n'y a pas un Dieu conçu par la raison, et un autre
Dieu connu par la Révélation. C'est le même Dieu
qui a voulu que notre esprit pût le connaître,
mais qui a, par sa parole, affermi, fortifié, élevé
et étendu en nous cette connaissance. Et l'homme

lui-même, ne peut-on pas dire que son état normal, non par sa nature, mais Dieu l'ayant ainsi voulu, est l'état surnaturel? Suspendu entre le ciel et la terre, libre de s'abîmer sur celle-ci, mais capable, avec le secours de Dieu, de s'élever jusqu'à lui, ce n'est que par l'insoumission et la révolte qu'il retombe dans la boue terrestre. Ne scrutons pas d'un œil profane les desseins éternels. Plions le genou et adorons.

Mais où trouverons-nous la vérité, si ce n'est dans la contemplation de la réalisation du plan éternel de toutes choses? L'artiste divin nous en a dévoilé les secrets, impénétrables à notre intelligence bornée. Est-ce une raison pour ne pas les admirer ?

Nous voyons quelques-unes des harmonies de la création. Mais les découvrons-nous toutes ? Apercevons-nous surtout celles qui, touchant de trop près à l'infini, échappent à nos regards bornés ? De la nature inanimée, nous nous élevons, par une savante gradation, sans heurts, sans brusques sauts, jusqu'à la nature végétale, puis à l'animalité; l'homme, qui par son corps tient à celle-ci, relié par son âme le monde matériel au monde spirituel ; que savons-nous, en nous élevant davantage encore, si Dieu n'a pas voulu, par un prodige d'amour pour nous, et pour faire éclater davantage sa gloire, qu'une transition, si l'on peut dire, existât entre l'ordre naturel et l'ordre surnaturel ?

Ne nous a-t-il pas créés à son image ? Notre intelligence n'est-elle pas une participation naturelle
de notre âme à cette lumière qui éclaire tout homme
venant en ce monde, à cette lumière qui comprend
les raisons de toutes choses, qui les communique
à l'ange, mais qui en communique à l'homme un
léger reflet dont il est tout illuminé, de sorte que
l'on peut dire avec vérité que l'homme voit toutes
choses dans les raisons éternelles ? Ne nous a-t-il
pas encore donné la liberté, et, tandis que tout tend
nécessairement à sa fin, sans pouvoir s'en écarter,
l'homme demeure maître de lui-même.

Et, remarquons-le, l'homme a été créé tel qu'il
est. Ce n'est point après la chute seulement, quand
il a voulu le sauver, que Dieu lui a donné cette
intelligence, image de l'intelligence divine, cette
liberté, cette âme qui est son souffle. Il lui a fait
ce don précieux dès le jour où il l'a tiré du néant.
Pourquoi nous a-t-il ainsi tout d'abord rapprochés
de lui ? Ne voulait-il pas faire de nous le pont jeté
dans l'abîme insondable et mystérieux qui sépare
le fini de l'infini ? La religion nous apprend comment, même après la déchéance, il a rétabli l'ordre
et réalisé l'idée de sa sagesse éternelle en l'homme
qui touche d'un côté à la vile matière, et s'élève, de
l'autre, par la grâce, jusqu'à la participation de la
nature divine, de l'incréé, de l'infini.

Si la vérité se trouve dans cet ensemble qui,
embrassant toutes choses avec une harmonie par-

faite, subordonne les lois secondaires à des lois
de plus en plus générales pour arriver à celle qui
les domine toutes, où l'unité se trouve réalisée
dans la perfection, où, si tout n'est pas compris,
tout se trouve expliqué, le catholicisme est la
vérité. Il n'est pas un défaut dans la création,
pas un anneau rompu dans la chaîne qui relie les
choses aux choses, les événements aux événements, les lois aux lois, et qui vient se perdre
dans l'infini. Ici nos regards ne voient plus. Cependant, comme cet illustre astronome qui, des mouvements inexpliqués d'un astre dans l'espace,
conclut à l'existence de la planète Uranus, alors
inconnue, ainsi nous devons, en vertu de l'harmonie qu'exige le plan divin, admettre le surnaturel qui seul explique tout et sans lequel tout
est pour nous un mystère plus grand que le
surnaturel lui-même. Il a fallu que Dieu nous le
fît connaître, je le sais. Mais une fois connu, il
nous est permis de voir les magnifiques raisons de
convenance qui rendent croyable ce qui échappe
à notre impuissance et à notre faiblesse. Oui, là
est la vérité, ou la philosophie est vaine, la raison
incapable. L'admirable synthèse où la religion
renferme toutes choses et les ramène à l'unité,
dans la sphère supérieure à la nature imparfaite,
dans la sphère où rien ne laisse à désirer, où tout
est complet, éternel, immuable, infini, parfait, ne
permet pas d'en douter.

*
* *

Pourquoi donc ceux qui tiennent en mains nos
destinées, ceux qui conduisent la société, qui dirigent le navire de l'État, veulent-ils nous éloigner
de la religion, cette terre de vérité, de justice, de
liberté? Pourquoi leur épouvante et leur fuite pré-
cipitée?

Il y a à cela deux raisons. Ceux qui en gardent
les abords semblent prendre à tâche de la rendre
odieuse. Cette religion si sainte qui doit nous
donner la liberté et la justice, ne la voyons-nous
pas opprimer les consciences et ne commet-on pas
chaque jour l'injustice en son nom? Elle est la
fraternité, la charité, l'amour; et, quand j'ai besoin
de protection, d'aide, de soutien, quand le travail
manque, que je suis dans la misère, que j'ai faim,
tous les cœurs restent insensibles, toutes les mains
se ferment : son ministre lui-même, à qui j'ai
entendu parler de la charité avec des accents
émus, me repousse. Elle veut conduire les sociétés
au port du salut, et elle déchaîne la discorde
parmi les peuples; elle se met au service des
partis; elle favorise les ambitions et les intérêts
de la politique de son choix.

Ah! que vous avez raison! Mais vous ai-je parlé
des hommes et de ce que, trop souvent, ils font
de la religion? Vous ai-je dit qu'elle était le man-

teau d'hypocrisie dont plusieurs se couvrent pour
la faire servir à leurs intérêts? Nous savons que
l'on a toujours, des meilleures choses, fait un déplorable usage, et nous conviendrons de toutes
les critiques. Nous rappellerons, si vous voulez,
avec vous, l'histoire de l'Église, les scandales, à
certaines époques de la papauté, ses menées
politiques, son trafic des choses saintes, sa conduite souvent plus païenne que chrétienne. Nous
serons de votre avis au sujet de toutes les
Saint-Barthélemy et de toutes les inquisitions.
Qu'est-il besoin de discuter à cet égard? Nous
n'ignorons pas qu'aujourd'hui même les politiques
qui se réclament de la religion n'agissent souvent
que pour des motifs purement humains et des
intérêts temporels. Et, quand vous nous jetez à la
face le peu de charité des ministres catholiques de
l'Evangile, pensez-vous que nous n'avons pas, et
plus souvent que vous, constaté leur égoïsme et la
dureté de leur cœur? Ils nous prêchent du haut de
la chaire l'amour du prochain, et ils oublient de
le pratiquer. Ce commandement, le second, mais
qui est semblable au premier, semble être pour
eux le dernier de tous. Les meilleurs sont absorbés
par des pratiques de dévotion puériles et le culte
de vertus difficiles sans doute, mais qui ne devraient
peut-être pas tenir la première place dans leurs
préoccupations, ou qui ne sont que des moyens
pour laisser dans leurs âmes une plus large place

à la charité. Ah! la chasteté est une belle vertu pour le prêtre catholique. Mais, quand nous le voyons si peu charitable, nous serions tentés de lui en reprocher la culture trop exclusive. « Eh! lui dirions-nous, si nous l'osions, lutinez, si vous voulez et si vous pouvez, votre gouvernante dix fois par jour; mais pour Dieu, oui, pour Dieu, ne fermez ni votre main ni votre cœur au malheureux qui s'adresse à vous. Faites le bien, faites-le largement, et toutes les autres vertus vous seront données par surcroît. L'amour des pauvres, le soulagement des infortunes, la pratique des œuvres charitables, n'est-ce pas le meilleur moyen de préserver des séductions charnelles, de donner le moyen de les vaincre? » Oui, le prêtre catholique trop souvent fait un métier. Il dit la messe, prêche, baptise, confesse, marie, enterre. Il veut bien penser à notre âme, mais il oublie notre corps. Peut-être répondra-t-il à notre demande de secours par l'offre de consolations spirituelles; mais il oublie combien la charité, la charité du pain matériel, est une prédication efficace.

* *

Nous savons qu'il est des œuvres nombreuses de charité où s'exercent de nobles dévouements: les murs des hôpitaux et des prisons, des asiles, des orphelinats, des crèches, des écoles, s'ils pou-

vaient parler, diraient que le catholicisme en cela
ne trouve point de rivaux. Pourquoi faut-il ajouter
que cette charité, hélas! est trop tardive et que,
s'il est beau de soigner les malades et les infirmes,
d'élever les orphelins et les abandonnés, de se
sacrifier dans les prisons, à l'écœurement du contact avec les voleuses et les prostituées, il serait
mieux encore de prévenir ces maux. Mais quelle
est la main qui s'ouvre pour empêcher un homme
de sombrer dans la misère et la détresse et d'aller
mourir sur le grabat des hôpitaux ou au fond de la
Seine? Qui songe aux orphelins que fera cette
mort? Qui voit, dans le vol et la prostitution, la
faim, mauvaise conseillère, et vient, par le travail
offert, le soutien à temps apporté, le bon conseil
et le réconfort, prévenir les chutes lamentables où
se perdent les âmes et les corps de tant de mal-
heureuses créatures? J'ai eu faim : sans ressources
et sans travail, j'ai frappé à ces portes au-dessus
desquelles est inscrit le mot de charité. Partout
j'ai été repoussé. Faisant plier ma fierté, j'ai, la
rougeur au front, imploré pour les petits qui
là-haut, dans la mansarde, demandaient du pain,
pour la mère malade, agonisante de sa misère,
et plus encore de la misère des siens. Mais l'on
ne soigne ces maux nulle part. Ici, l'on m'a con-
seillé d'écrire un placet auquel il serait répondu,
plus tard, au retour d'une villégiature. Là,
on m'a promis de prier pour moi. Cependant, le

logeur, être sans entrailles, las de n'être point
payé, par un soir d'hiver lugubre, nous jette dans
la rue, et demain, sans un miracle impossible à
espérer, il y aura quatre orphelins de plus, pauvres
enfants ! à recueillir, à soigner, à élever. L'on
exaltera alors le dévouement de ceux qui, la veille,
auraient pu, avec un moindre sacrifice, au prix
d'une aumône et mieux encore d'un peu de travail,
prévenir une catastrophe trop fréquente. C'est sur
les vivants que la charité, comme la médecine,
doit s'exercer et non sur des morts ; et, quand la
vôtre intervient, on est obligé de dire : Il est trop
tard !

* *

On ne peut se dissimuler le mal que fait au
catholicisme cette absence de charité, ou cette
charité réglementée, tardive et inefficace, qui, au
lieu de prévoir les désastres, ne s'exerce qu'au
milieu de ruines impossibles à relever. Aussi ne
comprenons-nous pas la guerre acharnée que les
ennemis de la religion font à ses ministres. Ils
devraient, dans la logique du but qu'ils poursuivent,
les flatter, les choyer, les considérer comme leurs
alliés. Ils n'en ont pas de plus précieux, et toutes les
attaques ne lui porteront jamais des coups aussi
funestes que l'égoïsme de ceux qui en tiennent
le drapeau et en arborent les couleurs. La charité

est une arme trop lourde pour le bras de ces
étranges chevaliers : ils la relèguent oisive et inutile dans l'arsenal des platoniques maximes ; et le
vulgaire, qui voit l'exemple plutôt que la doctrine,
qui juge la religion par la conduite de ceux qui la
lui enseignent, ne croit plus, ne veut plus entendre
parler de vérités placées sous un aussi triste
patronage. Je fus, l'été dernier, le témoin d'un fait
curieusement instructif. Dans une réunion publique
d'un des quartiers ouvriers de Paris, au milieu
d'une assistance que le nom seul de religion faisait
éclater en frénétiques imprécations, le seul orateur
ayant pu se faire entendre est un jeune homme
qui, se gardant de toute expression compromet-
tante et mettant, comme l'on dit, son drapeau
dans sa poche, vint exposer la pure doctrine catholique sur le travail, ses règles, ses droits, sur la
justice qui doit présider au partage des bénéfices.
Tandis que les doctrines socialistes et révolutionnaires étaient conspuées, chacun cherchant à faire
prévaloir ses idées personnelles et ses théories
propres, la parole du catholique fut couverte
d'unanimes applaudissements. Mais, si je n'avais
été seul à reconnaître le démarquage de saint Thomas, on eût lapidé l'orateur, et il s'esquiva bien
vite, crainte d'une indiscrétion, quand je lui eus
dit à l'oreille combien il avait raison de puiser à
une source si pure et si féconde. Ce n'est donc pas
la doctrine elle-même qui est détestée. Elle est

acceptée quand on peut en dissimuler le nom et,
si j'ose dire, l'étiquette. Le clergé seul l'entraîne
avec lui dans la réprobation dont il est, non sans
quelque raison, l'objet.

.·.

Nous ne confondons pas le catholicisme avec les
excroissances parasites qui se propagent autour du
catholicisme, et qui l'étoufferaient s'il pouvait
périr. La religion a deux termes : Dieu et l'homme,
puisqu'elle est le lien qui relie l'homme à Dieu. Ce
lien la fait divine. Mais il est, par son terme
humain, fragile et peut se rompre. Il se rompt,
en effet, sous la rouille des passions mauvaises, des
défauts, des vices.

Quand nous parlons du catholicisme, nous
entendons son dogme, sa morale, sa hiérarchie,
sa discipline, tout ce qui constitue son essence.
L'Église, dépositaire de la parole divine, la garde
fidèlement dans son intégrité et son immutabilité.
A sa doctrine, notre assentiment, notre soumission, notre obéissance.

Mais l'Église n'exige pas que nous soyons des
sots, ni que nous prenions pour la religion ce qui
dénature la religion. Est-ce le dogme catholique,
tous les contes à dormir debout, inventés dans les
arrière-sacristies, servis dans des brochures de
pacotille ou d'ineptes gazettes ? Est-ce la morale

catholique, celle des prêtres, des moines, des nonnes, dont le seul souci est de vivre de la religion, comme l'on vit d'un métier, qui ferment leur cœur comme leur bourse à tout sentiment de pitié et de commisération ? Est-ce la hiérarchie catholique, celle qui oblige les évêques, successeurs des apôtres, à compter avec des puissances cachées derrière de sombres murailles, au fond des couvents ? Est-ce la discipline catholique, celle qui est acceptée ou rejetée selon les convenances et les ambitions mondaines ou politiques ? Non. Ce sont là les abus, les excroissances, les végétations pernicieuses, mais non le catholicisme qui est sans tares et sans défauts.

La doctrine est sublime. Les hommes qui la professent sont loin de l'être toujours. Conservons précieusement la doctrine, et prenons, avec toute la charité possible, les hommes pour ce qu'ils valent. Mais, sachez-le bien, ce n'est point d'eux ni de leurs fantaisies que je parle en faisant l'éloge de la religion, et en démontrant sa nécessité pour les individus et pour la société.

*
* *

La religion porte le poids de fautes imputables aux hommes seuls. Est-elle responsable des actes de ceux qui s'en servent comme d'un marchepied pour leur ambition, qui la font servir à leurs intérêts temporels, qui se réclament d'elle et n'en suivent pas les préceptes? Comment cela pourrait-il être, puisqu'il n'y a là qu'à constater l'absence de religion dans les âmes qui devraient, plus que toutes autres, en avoir le culte respectueux et sacré? Est-il besoin de rappeler l'Évangile et de montrer combien une telle conduite est en contradiction avec ses sublimes maximes? Non, car vous-même vous répondez : « Oh! si la religion était l'Évangile!... » Mais elle est, en effet, l'Évangile ; si elle n'est pas l'Évangile, elle n'est pas la religion. Ce ne sont pas les exemples mauvais et malsains des catholiques, même des prêtres, des évêques et des papes, qui sont le catholicisme, mais l'enseignement de l'Église. L'abus que font les hommes de la religion ne détruit pas la religion. Elle subsiste malgré eux, et subsiste si bien, dans toute son intégrité, au milieu des traverses, des orages, des tempêtes, des bouleversements, que vous lui reprochez l'immutabilité de ses dogmes, c'est-à-dire de s'en tenir à l'Évangile et de n'y pas apporter les changements à la convenance de vos désirs et de vos passions.

Notre législation est ici, comme partout, la grande coupable. Antithèse vivante de la religion, elle parvient à substituer partout son esprit à l'esprit de l'Évangile, et façonne les hommes à sa ressemblance, endurcissant les cœurs, aveuglant les esprits, faussant les consciences. L'Évangile est tout palpitant d'indulgence, de mansuétude, de pardon, d'amour; les lois ne respirent que l'égoïsme, la rigueur, l'inhumanité. L'Évangile proclame la supériorité morale de la pauvreté et de la faiblesse; les lois, sans pitié pour le malheur et l'infortune, ont toutes les complaisances pour la puissance et la richesse. L'Évangile proclame qu'un seul est notre maître, Dieu; les lois, à qui leur manque d'équité ne permet pas de s'appuyer sur la morale et seulement sur la force, nous créent une foule de maîtres illégitimes, fonctionnaires de tous poils, magistrats de tous prix, gouvernants de marques frelatées et suspectes, qui nous oppriment à l'envi, et dont quelques-uns, au nom de je ne sais quelle inique justice, usurpant un droit que Dieu s'est réservé, s'immiscent jusque dans nos consciences. Le respect de notre personne est la préoccupation constante de Jésus-Christ, et les lois en ont le dédain le plus absolu. Par lui, le mariage est sanctifié; les lois, qui le ravalent à un marché, en font une prostitution à peine déguisée. La société, établie, dans les desseins de Dieu, pour faire régner entre les hommes l'union, la paix, la concorde, devient, par les lois égoïstes et dures, sources de discordes, ferments de haine, l'instrument de notre souffrance et de notre peine. L'Évangile veut notre bien et notre bonheur; les lois ne s'occupent de nous que pour resserrer les liens de notre esclavage, pour prêter

leur appui contre nous à l'arbitraire du pouvoir.
Dans la lutte éternelle du mal contre le bien,
l'Évangile est l'expression de celui-ci, tandis que
celui-là cherche dans une forme qui est la loi
humaine le prestige qui lui manque et la possibilité de nous tromper.

Ah! certes, ce ne sont pas les gens qui se
targuent de religion, les catholiques ayant encore un reste de foi et un semblant de culte, ni
ceux qui en sont les représentants officiels, qui
devraient donner l'exemple d'une conduite contraire à l'esprit de l'Évangile. Mais, si la lâcheté
chez le soldat ne détruit pas la bravoure, si l'injustice du juge ne détruit pas la justice, si l'erreur
du savant ne détruit pas la science, l'irréligion
des catholiques, des prêtres, des moines, des
évêques, des papes ne détruit pas la religion,
ne l'empêche pas, malgré le mauvais usage qui
trop souvent en est fait, de demeurer debout et
inébranlable. Vous avez vu M. Taine constater, sur
les individus et les sociétés, la bienfaisante influence
du christianisme, du christianisme tel qu'il est, et
malgré les obstacles qu'opposent à son développement l'égoïsme de nos intérêts, notre ambition,
nos passions, nos vices. Des abus, vous concluez à
la négation de la religion. Votre logique est fausse,
vous errez. La conclusion, c'est qu'une institution
donnant, en dépit des imperfections qu'y mêlent
les hommes, de tels et si beaux résultats, en pro-

duirait de magnifiques et d'inattendus si nous ne fermions nos âmes aux sentiments divins que l'Évangile veut y faire pénétrer. La conclusion, c'est qu'avec plus de religion le monde, au lieu de rétrograder, marcherait vers la perfection ; nous serions heureux, autant que le comporte notre destinée sur la terre, et la question sociale serait vite résolue par la paix, l'union, la fraternité, l'amour des hommes pour les hommes.

Deux systèmes sont en présence pour régler nos rapports réciproques : celui de l'Évangile, qui agit par la douceur, la mansuétude, l'indulgence, qui est, selon la belle expression de l'Église, la loi d'amour, et celui qu'ont inventé les politiques et qui repose sur la force. L'Évangile a civilisé le monde. La force non seulement est impuissante, elle éclate comme une bombe entre les mains qui la détiennent, causant partout ruines et désastres, menant à la destruction de l'ordre avec la destruction de la liberté et de la justice, aux révolutions sanglantes, à l'anarchie sociale. La loi humaine, c'est-à-dire l'iniquité réglementée, le despotisme hypocrite et juridique, la force, le gendarme, a voulu remplacer la morale ; et les hommes sont sans travail et sans pain, la haine avec la misère entre dans les cœurs, la révolte gronde et menace, le sol se dérobe sous nos pas, les maisons sautent, la dynamite fait des hécatombes de victimes. — Choisissez.

⁕
⁕ ⁕

Et l'on choisit la force. Car — c'est la seconde
raison pour laquelle on nous éloigne de la religion — si elle sauvegarde nos intérêts, les intérêts de tous, la force sert les projets de l'ambition, de la richesse, du pouvoir. — Le pirate qui
écume les mers se garde d'approcher des régions
civilisées. Il se tient à l'affût le long des côtes sauvages, près des îles désertes, dans les criques
sombres et abritées. Il se réjouit quand vient
l'orage et le brave. C'est alors, en effet, que le lourd
navire du commerce, regorgeant de richesses,
chassé loin des routes battues et fréquentées,
isolé et sans défense, devient sa proie. Mais pensez-vous qu'après avoir mis à rançon la liberté et
la vie de l'équipage, et fait son butin, il ira, même
au fort de la tempête, chercher un refuge au
port voisin? Il lui faudrait renoncer à ses criminels
et fructueux exploits. Il lui faudrait subir le châtiment qu'il a mérité. L'abîme va l'engloutir peut-
être et ses prisonniers avec lui. Qu'importe? Est-
ce de cela qu'il se préoccupe?

La société a ses pirates, tous ceux pour qui le
pouvoir ou la richesse sont des instruments, contre
nous, d'exaction et d'oppression. Inconscients
peut-être de leur rôle, parce que d'autres l'ont de
tout temps, hélas! tenu avant eux, ils ne soup-

çonnent point ce qu'il y a d'odieux et de criminel.
L'habitude a détruit en eux le sens moral à cet
égard. Il est des écumeurs sans scrupules. Pas
plus que Louis XIV ne comprenait le mot de
liberté, le riche de notre époque ne comprend que
le pauvre a droit au travail, au pain, à la vie. Il
n'en est pas moins coupable : nul n'a le droit,
sous quelque prétexte que ce soit, de sacrifier autrui à ses propres intérêts. Cependant, que la tempête hurle et fasse fureur, nos pirates n'ont garde
de nous conduire au port. Que deviendraient-ils?
que deviendrait leur pouvoir fait de notre servitude, leurs richesses faites de nos sueurs?

Croyez-vous donc, vous tous qui êtes les petits, les pauvres, les faibles, croyez-vous que l'on
vous éloigne de la religion pour votre bien et
dans votre intérêt? Elle a, je le sais, de maladroits
amis qui vont partout répétant : « Gardez, gardez
« la religion. C'est elle qui maintient le peuple dans
« l'obéissance et le respect. » On nous la présente
ainsi comme le garde-chiourme de la société. Eh
bien! non, la religion n'existe pas seulement pour
ce qu'on appelle le peuple, pour la foule, pour le
troupeau qu'on peut asservir ; elle est pour tous,
pour les gouvernants comme pour les gouvernés,
pour les riches comme pour les pauvres, pour les

forts comme pour les faibles, et les devoirs qu'elle
impose à ceux-là sont plus rigoureux que ceux
qu'elle réclame de ceux-ci. Elle s'oppose à l'exaction même légale, elle défend l'usage abusif des
hommes pour la caserne et la guerre, elle réprouve
l'injustice, elle condamne l'oppression sous toutes
ses formes. Si elle ne veut pas que nous opposions
au despotisme la dynamite impuissante et crimi-
nelle, elle fait pénétrer dans nos consciences une
force invincible, la force de notre droit, de notre
dignité, de notre liberté. Vous tous qui êtes les
petits, les pauvres, les faibles, qu'opposerez-vous
donc à la tyrannie? Est-ce l'autorité? Est-ce la richesse? Est-ce la puissance? Mais vous ne possé-
dez ni la puissance, ni la richesse, ni l'autorité.
Une seule arme vous reste, la religion, base de
tout droit et de toute morale, la religion contre
laquelle toute résistance se brise comme verre.
On s'en est servi contre vous, de cette arme, peut-
être. Eh! mais, si elle est bonne, elle est à votre
portée ; saisissez-la et retournez-la contre vos
oppresseurs.

Il y a dix-neuf siècles, une humble vierge, dans
une chaumière de Nazareth, pauvre et faible
comme vous, entonnait ce cantique sublime que
le prêtre répète chaque jour, mais dont il ne
comprend plus guère le sens: *Magnificat anima
mea Dominum;* mon âme glorifie le Seigneur. »
Et pourquoi cette allégresse? C'est que « le Tout-

« Puissant a fait en moi de grandes choses et son
« nom est saint. Sa miséricorde se répand d'âge
« en âge sur ceux qui le craignent. Il a déployé
« la force de son bras; il a renversé les superbes
« en dissipant leurs desseins. Il a dépossédé les
« grands de leurs trônes et il a élevé les humbles.
« Il a rempli de biens·ceux qui avaient faim, et il
« a renvoyé les mains vides ceux qui étaient
« riches... » Oh! la belle réalisation du programme
social! Ne voudriez-vous pas pouvoir l'entonner, ce
chant de triomphe, et l'entonner dans la plénitude
du droit, de la justice, sous la protection d'une
volonté supérieure à toutes les volontés, d'une loi
devant laquelle disparaissent toutes les lois? —
Rangez-vous donc sous les bannières du seul chef
qui puisse vous conduire à la victoire.

La foi ne s'impose pas, je le sais. Si votre intelligence n'a reçu la lumière d'en-haut, je ne puis
vous forcer à croire. Ne niez pas du moins l'utilité sociale de la religion. Vous ne le pouvez pas.
Saint Pierre a dit aux puissances de la terre: « Il
« vaut mieux obéir à Dieu qu'aux hommes. » Ce
jour-là, il a secoué le joug et proclamé la charte
des peuples. On craint que vous n'en réclamiez
l'application. Aussi, quand on vous y aura fait renoncer, que l'on aura obtenu votre apostasie, le
but sera vite atteint. Depuis une vingtaine d'années, tous les efforts tendent à détruire, en France,
la religion. Avez-vous, malgré la République,

plus de liberté, la justice est-elle mieux garantie,
vos droits plus respectés ? Hélas ! non. Les liens
de la servitude se resserrent chaque jour, le travail manque, la misère, comme une tache d'huile
immense, étend de proche en proche ses ravages.
Mais le régime qui fait le malheur de la foule fait
le bonheur de quelques-uns. Ne faut-il pas que
nous vivions misérablement pour que nos maîtres
jouissent en paix de l'existence riche, fastueuse,
prospère et dominatrice que leur fait notre misère
même. Et c'est pourquoi, quand la vigie signale la
terre où est le salut, debout sur la passerelle, capitaine et lieutenants, donnant leurs ordres, s'écrient :
« Fuyons! Fuyons! »

Mais, moi, je me révolte et je brise mes fers, car
je ne veux pas vous fuir, ô terre bénie, ô port si
désiré! J'ai soif de liberté et de justice, j'ai faim
et j'ai soif de vérité et de bonheur. Que m'importent
les horreurs de la tempête et les vagues profondes? N'ai-je pas, pour me guider, le phare qui
brille, et là-haut, sur la montagne, j'aperçois, cloué
à son bois glorieux, le Crucifié qui me donne le
courage? Jetons-nous par-dessus bord, précipitons-
nous dans l'abîme qui sera le salut, et nageons
d'un bras vigoureux. Mais déjà je sens, aux eaux
devenues calmes, que je suis au port. Je pose le
pied sur le sol sacré que je baise avec respect. Je
suis sauvé. Salut, ô Christ rédempteur! O mon
Dieu, merci!

ÉPILOGUE

———

A ce point de ma tâche, je m'arrête. Je la terminerai, s'il plaît à Dieu, dans un autre volume où je donnerai aux idées que je conçois et déjà indiquées leur développement pratique. Proudhon avait pris pour épigraphe de son livre des *Contradictions économiques* ce mot de la Bible : *Destruam et ædificabo*. On lui a reproché de n'avoir réalisé que la première partie de la devise. C'est à tort, car toute critique porte avec elle son enseignement. Je ne suis pas un disciple de Proudhon. Jusqu'ici, cependant, je l'ai un peu imité à ce point de vue, et j'ai fait surtout la critique de l'état social, non sans utilité, je crois; mais il peut être bon, quelque évidentes que soient les conclusions, d'aider les esprits paresseux, aveugles ou volontairement rebelles, à les formuler. C'est le projet que nous formons.

Est-il besoin de rappeler ici l'idée directrice de notre travail? Ne ressort-elle pas assez clairement de tout le texte? C'est le bonheur de la société par

la liberté, l'union et la justice. Et par la société
j'entends non une chose abstraite, mais un groupe,
une collection d'êtres humains qui aspirent à trouver dans le travail, chacun selon ses aptitudes, la
satisfaction de leurs besoins matériels, intellec-
tuels et moraux, qui veulent vivre, et vivre le
mieux et le plus dignement possible pour atteindre
leur destinée. Ou la société est une absurdité, ou
elle doit être considérée comme une collectivité
concrète. Le bien social n'existe pas en dehors de
celui des membres composant le corps social.
Nous ne sommes plus au temps où un Louis XIV
pouvait dire : *l'État, c'est moi,* où la France ne
comptait pour rien, où tout était bien si le roi était
riche, puissant, redouté, glorieux, lors même que
ses sujets, ruinés par les impôts, les charges, les
spoliations royales, mourant de faim, éparpillaient
leurs cadavres sur les grands chemins.

Nous sommes en bonne voie, trop bonne voie,
pour arriver à un tout aussi déplorable régime. Le
coupable, au lieu d'être un homme, est un système
anonyme, plus dangereux et plus redoutable. On
résiste au despotisme personnel que l'on peut
atteindre. La tyrannie qui se personnifie dans un
être de raison, une dénomination, une conception
vague, qui s'exerce par des fonctionnaires sans
conscience, sans scrupules, et irresponsables, est
plus difficile à combattre. Faisons tous nos efforts
pour que la République, tombée dans l'ornière, se

relève et marche dans le bon chemin. Elle est la
res publica : on l'oublie trop.

Je vois les conditions du bonheur social dans la
propriété, la famille, la religion. C'est là une
vérité vieille·comme le monde, un lieu commun,
une balançoire, disait l'irrévérencieux président
Cartier. Balançoire tant que l'on voudra, si elle
fait notre bonheur. L'amitié, l'amour, toutes les
affections de notre cœur, la vie elle-même, sont
aussi des balançoires auxquelles l'humanité ne
songe point à renoncer.

Mais, hélas! de quelque côté que je me tourne,
je ne vois partout qu'une immense conspiration
contre la religion, contre la famille, contre la propriété. Ici, on compromet le principe par l'abus;
là, à cause de l'abus, on attaque violemment le
principe. Je ne suis dans aucun des deux camps.
Ma position est dangereuse, je le sais. Je n'ai qu'à
recevoir les coups qui me seront portés de part et
d'autre. Mais qu'importe?

A vaincre sans péril on triomphe sans gloire,

et si je suis vaincu, eh bien! il est des causes pour
lesquelles il est beau de succomber.

Il suffit, pour que je sois honni des uns, et malgré la vivacité des critiques qui semblerait me
rapprocher d'eux, que j'aie prononcé le mot de religion. Ne leur en déplaise, c'est là, et là seulement,
qu'est le principe libérateur, la force émancipa-

trice. Nous savons que la foi est un don, et, malgré notre désir de la voir partagée, nous n'imposons la nôtre à personne. Il est étrange que l'on ne veuille pas voir l'efficacité sociale du catholicisme, point de vue sur lequel l'histoire et la philosophie projettent, à elles seules, de si vives lumières.

Les autres, les éternels et prudhommesques, ou plutôt trop intéressés défenseurs de l'ordre social, ne nous pardonneront pas de placer cet ordre, non dans ce qui est, comme ils le font, mais dans ce qui devrait être. Il est des abus qui leur sont chers, des privilèges qui leur profitent, des mœurs dont s'arrangent fort bien leurs vices. La propriété, s'accroissant incessamment par sa seule force et son fonctionnement anormal, a, dans cet état, des charmes qui aveuglent les esprits les plus clairvoyants, endurcissent les consciences les plus scrupuleuses. On ne voit plus que, constituée par la spoliation, elle devient encore un odieux instrument de spoliation : ses avantages, à qui en jouit, cachent sa révoltante iniquité. Dans la famille, selon le Code, on cherche, par des mariages de hasard, l'augmentation des fortunes ou la reconstitution facile des patrimoines dissipés dans la débauche; on rompt tous les liens, selon les convenances, avec la même légèreté qu'on les a contractés; les sentiments, les affections, les droits et les devoirs créés par la nature entre l'époux et l'épouse, le père et le fils, la mère et l'enfant, on peut, grâce à la loi, tout renier, tout sacrifier, tout fouler aux pieds pour la satisfaction de ses intérêts ou de ses passions. La religion elle-même, qu'est-elle pour ces protagonistes de l'ordre ? Une honteuse hypocrisie. Car je me refuse à voir mes croyances personnifiées dans l'imbécillité de dévotes riches et titrées ; je ne veux pas les confondre avec un cléricalisme nuisible, simple tremplin politique, et qui n'a rien de commun avec le catholicisme, ni avec l'égoïsme des prêtres, leur dureté de cœur, leur négoce d'eau bénite et de prières, leur avarice, leur cupidité.

Tel est, dans ses conditions fondamentales, l'état social auquel on ne peut, dit-on, toucher sans crime.

Je voudrais rendre la propriété légitime par la justice, la famille heureuse et prospère par l'amour, la religion sacrée pour tous par la charité, la charité qui nous fait aimer les uns les autres, qui vient en aide à l'infortune, qui souffre de la souffrance d'autrui, la prévient, la console, la guérit.

A l'arbitraire, à l'injustice et aussi à l'absurdité des institutions, des lois, des mœurs, des coutumes actuelles, on oppose cet idéal. On provoque, pour sa réalisation, le concours généreux des bonnes volontés. Si c'est là prêcher la révolte, c'est, du moins, la révolte du bien contre le mal. Qui ose-serait en contester la légitimité ?

— Utopies ! rêves ! chimères ! dites-vous. Et

peut-être, malgré l'évidence, crieriez-vous encore
aux funestes et pernicieuses doctrines. — Niez,
s'il vous convient, la possibilité du progrès, de la
civilisation. Nous ne proférerons jamais ce blasphème. Fermez votre cœur à la pitié ; étouffez,
derrière les murailles des prisons, les cris de
douleur de la pauvre blessée qui vous importunent
et vous effraient. Nous préférons chercher le
remède qui peut la soulager et la guérir, verser
sur ses plaies saignantes un baume salutaire.
Ah ! vos geôliers et vos bourreaux peuvent redoubler de zèle. Comme ces monstres de fer et de feu
qui, surchauffés, éclatent, semant partout autour
d'eux la désolation et la mort, la souffrance
comprimée fait explosion, ébranlant les États jusqu'en leurs fondements, emportant les peuples
dans un tourbillon formidable, réduisant en miettes
le peu qui nous reste de civilisation. Nous voulons
éviter ces maux par le seul moyen digne, juste et
efficace, en détruisant la cause qui les produit,
en supprimant de la souffrance tout ce qu'il est
possible d'en supprimer. Nous ne prétendons pas
à une impossible perfection. La rivalité des intérêts, la lutte des passions, le combat du mal contre
le bien, ne sont pas près de finir. Nous savons
que les hommes sont des hommes. Mais ils sont
perfectibles, et par eux la société. L'histoire nous
dit que tous les efforts n'ont pas été vains pour
relever l'humanité qui souvent s'affaisse ; et l'his-

toire, si nous l'interrogeons, nous dira encore, d'accord avec la raison, que la misère est, parmi les peuples, l'agent d'anarchie le plus actif et le plus puissant, comme la prospérité et le bonheur sont les éléments indispensables de l'ordre.

Comme nous le concevons, l'ordre n'est point, il est vrai, la liberté de satisfaire, au préjudice d'autrui, toutes ses convoitises, même lorsque ces convoitises sont celles des riches et des puissants. Et, pour eux, l'ordre n'est pas autre chose. Pour eux, l'ordre, c'est le régime du brochet dévorant à sa fantaisie la carpe, faible, sans protection, sans défense, la carpe, l'éternelle proie, la victime prédestinée.

FIN

TABLE

TOURS

IMPRIMERIE DESLIS FRÈRES

RUE GAMBETTA, 6

www.ingramcontent.com/pod-product-compliance
Lightning Source LLC
Chambersburg PA
CBHW070800270326
41927CB00010B/2220